Retrouvez nos prochaines parutions, les ouvrages du catalogue et les événements à ne pas rater. Votre avis nous intéresse : dialoguez avec nos auteurs et nos éditeurs. Tout cela et plus encore sur Internet à :

http://blog.editionsleduc.com

Traduit de l'anglais par Marc Rozenbaum
Titre de l'édition anglaise : *Body Language*

Publié pour la première fois en 2007, Sheldon Press

Maquette et mise en pages : Facompo – Lisieux

17, rue du Regard
75006 Paris – France
E-mail : info@editionsleduc.com
ISBN : 978-2-84899-426-0

DAVID COHEN

COMMENT DÉCODER LES GESTES DE VOS INTERLOCUTEURS

(ET ÊTRE CONSCIENT DES VÔTRES !)

LEDUC.S
ÉDITIONS

À la mémoire du Dr James MacKeith,
ami précieux et médecin avisé.

Sommaire

Introduction

Nous nous servons de notre bouche pour parler, mais nous communiquons avec les yeux, le visage, le sourire, les mains, les bras et les jambes, et même les orteils. La seule partie de notre corps dont nous ne nous servons pas pour communiquer est peut-être le nombril, et encore, je ne suis même pas sûr de pouvoir l'affirmer. Aujourd'hui, certaines jeunes femmes décorent leur nombril d'un piercing en métal et cela révèle quelque chose de leur personnalité : elles ne font généralement pas partie des personnes timides qui feront tapisserie en soirée.

Nous ignorons si les dinosaures utilisaient une forme de communication non verbale, mais il est certain que le langage du corps n'est pas une invention récente. La communication non verbale a été étudiée chez les chiens, les chats, les chevaux et même les vaches. Les chimpanzés et les gorilles utilisent des systèmes complexes de communication non verbale, et nous avons bien des points communs avec eux. Dans son fameux ouvrage *Le singe nu*, publié dans les années 1960, Desmond Morris expliquait que, dans une large mesure, notre comportement était très similaire à celui de ces grands singes.

Dans notre société actuelle, frénétique et changeante, l'importance du langage corporel n'a pas décliné, bien au contraire.

Nous rencontrons sans arrêt de nouvelles têtes et nous devons très rapidement nous en faire une impression. Cette personne nous plaît-elle ? Mérite-t-elle notre confiance ? Si nous lui faisons une proposition galante, comment réagira-t-elle ? De façon favorable ou avec agressivité ?

Il y a cent ans, pour que vous puissiez être admis dans le salon d'un hôte, il fallait d'abord que l'on vous présente à lui. Aujourd'hui, ce genre de formalités a pratiquement disparu, et si vous n'avez que cinq minutes pour décider si cet inconnu assis en face de vous peut être un bon collègue, l'amour de votre vie ou un vrai perdant, encore faut-il que vous soyez capable de comprendre sa communication non verbale. C'est loin d'être évident, et cela pour une simple raison.

Homo sapiens n'est-il pas la seule espèce, ou presque, à pouvoir mentir, tromper et s'imaginer ce qu'autrui peut penser ? Je ne suis pas sûr que le plus évolué des autres grands singes soit capable de s'imaginer ce que pense un de ses semblables : un chimpanzé, par exemple, peut-il savoir qu'un autre chimpanzé est jaloux de son pelage et le déteste à cause de cela ? En matière de ruse, de méchanceté, de tromperie et de connaissance de soi, les chimpanzés ne nous arrivent probablement pas à la cheville.

Nous autres membres de cette espèce qui a conquis et assujetti toute la Terre, nous sommes extrêmement doués pour tromper notre monde. C'est pourquoi il n'est pas toujours aisé de savoir ce qu'une autre personne pense vraiment, sachant qu'elle est peut-être trop polie, trop confuse, trop maligne ou trop manipulatrice pour nous le dire.

Comme nous allons le voir, nous ne comprenons pas tous aussi bien le langage du corps. Pour un autiste ou pour un schizophrène, par exemple, le langage du corps est pratiquement impossible à saisir. Selon Sergio Paradiso (1999), psychologue à l'université de l'Iowa : « Dans nos échanges avec les autres, nous portons des jugements dont nous n'avons pas conscience. Si nous voyons un collègue recroquevillé, et si son visage ne nous est pas visible, nous l'approcherons avec prudence, car nous pensons que quelque chose ne va pas et que nous pouvons peut-être lui être utile. C'est bien dans le langage de son corps que nous puisons l'information. Les personnes atteintes de schizophrénie ne parviennent pas aussi facilement à recueillir ce genre d'information pour guider leurs interactions sociales. »

Les conséquences peuvent être graves. Si vous ne savez pas déchiffrer le langage du corps, vous risquez d'indisposer vos interlocuteurs et de multiplier les impairs en société.

Cependant, ce n'est pas une simple question d'intelligence. Vous pouvez très bien être un puits de science et ne pas savoir interpréter les signaux que les autres vous envoient. Vous pouvez, au contraire, obtenir des résultats très médiocres à des tests de logique et d'intelligence tout en étant parfaitement capable de percevoir ce que les autres ressentent, pour peu que vous soyez en mesure de réagir de façon « instinctive » à leur langage corporel.

La réaction instinctive et l'intuition n'ont rien à voir avec la magie. En réalité, de façon presque instantanée, nous rassemblons un certain nombre d'indices que notre interlocuteur laisse transparaître : sa posture, la position de ses bras, la dilatation de ses pupilles, etc.

Le langage du corps ne nous permet pas seulement d'en savoir davantage sur les autres : il nous permet aussi de savoir nous-mêmes ce que nous ressentons. Dans la société stressante qui est la nôtre, nos nerfs sont souvent mis à l'épreuve. Sous l'effet du stress, nous avons tendance à boire un peu trop d'alcool, à consommer trop de médicaments, à souffrir de maux psychosomatiques ou à nous focaliser sur nos frustrations. Ce stress se manifeste entre autres par le langage corporel : par des tics et par des gestes parasites. Je me frotte les yeux parce que je suis inquiet, je m'assois autrement et je serre les genoux pour être plus à l'aise. Je m'aperçois que je m'agite, et ainsi, je réalise que la réunion à laquelle je suis sur le point de participer m'angoisse davantage que je ne voulais l'admettre.

Illustration

Tony est assis en face de son supérieur hiérarchique et du directeur du personnel. Difficile de dire s'il est sur le point d'obtenir une promotion ou de se faire réprimander. Il paraît détendu. Son supérieur est souriant, mais de façon sournoise car un miroir lui permet de voir ce que Tony s'efforce de dissimuler. Tony, qui n'a pas remarqué le miroir, croit pouvoir cacher son anxiété en gardant les mains dans son dos. Il se tord nerveusement les doigts, un signe classique de nervosité, et a tendance à se frotter la joue.

Son supérieur s'en réjouit. Comme il cherche à se débarrasser de lui, il a mis le nez dans ses courriers électroniques. Tony a été assez imprudent pour discuter par e-mail d'un éventuel achat de cannabis. Or, il n'était pas autorisé à utiliser le courrier électronique pour ses communications privées, et encore moins pour acheter une drogue illicite.

Cependant, son supérieur n'avait pas le droit d'accéder à son courrier électronique, et il ne souhaite pas voir Tony entamer une procédure à son encontre. En observant le langage corporel de Tony dans le miroir, il constate que celui-ci est anxieux et mal à l'aise.

Il en profite donc pour se montrer cruel et il se réjouit de constater l'impact de son attitude. Tony finit par fermer les yeux, comme pour tenter de se débarrasser de tout ce cauchemar. Son patron a gagné la partie : Tony se laissera mettre à la porte sans opposer de réelle résistance.

Si son supérieur n'avait pas été en mesure de percevoir son langage corporel et de le comprendre, il n'aurait pas été aussi sûr de lui et il n'aurait pas osé se montrer aussi agressif. Tony n'a pas su contrôler le langage de son corps, et il en a payé le prix.

La célébrité

Le langage du corps est en grande partie inconscient, mais un sourcil qui tressaute, une légère inclinaison de la tête ou le mouvement d'un bras en disent parfois bien plus long que les mots. De tels mouvements sont au cœur même de la communication, que nous ayons affaire à des étrangers, à des collègues de travail, à des amis ou à la personne que nous aimons. Il est donc judicieux de s'efforcer de mieux comprendre le langage du corps. Le fait de mieux interpréter les signes que nos interlocuteurs nous envoient et de mieux contrôler l'image et les signes que nous laissons paraître ne peut que nous être profitable dans notre vie professionnelle, sociale et sentimentale.

Si le langage corporel revêt aujourd'hui une grande importance, c'est aussi parce que nous sommes obsédés par la célébrité. Les magazines féminins abondent en anecdotes sur le langage corporel des célébrités du moment. Un agent du FBI a même analysé les battements de paupières de Madonna afin de savoir si elle disait la vérité lorsqu'elle avait nié être enceinte sur la chaîne NBC.

Il se trouve que pendant longtemps, Madonna a été non seulement une chanteuse à succès, mais aussi une icône avec un corps parfait.

Le corps parfait

Les médias regorgent d'images de femmes parfaites et d'hommes parfaits, ce qui n'est pas sans engendrer frustrations, anxiété et espoirs irréalistes chez le reste de la population. Un tiers des hommes et 70 % des femmes pensent être en surpoids. Des troubles liés à l'image de soi, comme l'anorexie, la boulimie et la peur d'une dysmorphie corporelle (qui consiste à avoir une perception fausse de son propre corps), sont monnaie courante.

Pourtant, l'idée que nous nous faisons du corps parfait a évolué. En 1917, par exemple, la femme physiquement parfaite mesurait environ 1,60 m et pesait 63 kg. Au début des années 1940, les personnes minces et osseuses étaient perçues comme nerveuses, soumises et socialement en retrait. Le corps féminin idéal allait bientôt être incarné par Marylin Monroe : un corps plantureux, en forme de sablier.

Dans les années 1980, les courbes n'étaient plus de mise : les top-modèles étaient d'une minceur confinant à la maigreur et le moindre gramme de graisse devenait une tragédie (c'est toujours le cas). Les mannequins pesaient alors 8 % de moins que la moyenne. Aujourd'hui, elles pèsent 23 % de moins, et seules 5 % des femmes ont la taille et le poids considérés comme parfaits dans les médias.

En théorie, il serait bon que nous ayons une idée plus objective de notre apparence. Si le bon vieux miroir ne suffit pas, on peut essayer l'imagerie en 3D. D'après les toutes récentes recherches de Philip Treleaven, professeur à l'University College, à Londres (2006), nous pouvons savoir, aujourd'hui mieux que jamais, à quoi nous ressemblons et ce qui nous attire chez les autres. Depuis 1920, selon Treleaven, le tour de poitrine des femmes a augmenté en moyenne de dix centimètres, le tour des hanches de quinze centimètres et le tour de taille de vingt centimètres. D'après ses observations, nous n'en continuons pas moins, souvent, à cultiver une vision du corps qui n'est plus adaptée à notre temps. Ainsi, par exemple, les hommes ont tendance à trouver les femmes charnues plus attirantes, tandis que les femmes préfèrent les hommes ayant peu de graisse, qu'ils soient musclés ou non. De telles préférences s'expliquent par des raisons biologiques. Plus ou moins inconsciemment, une femme plus « forte » paraît plus fertile ou plus apte à donner la vie, tandis qu'un homme ayant un torse large est perçu comme plus apte à protéger sa famille.

Les critères définissant le corps parfait peuvent évoluer, mais le langage du corps, par bien des aspects, ne change pas. Le langage du corps – et la façon dont il est perçu – est profondément inscrit dans nos gènes, si bien que souvent, nous utilisons sans même en avoir conscience les indices qu'il nous fournit. Ce livre se veut une introduction utile aux dernières découvertes sur le langage du corps, avec des conseils pratiques pour que vous puissiez mieux comprendre le langage corporel des autres et mieux gérer le vôtre. Plus nous en saurons sur l'art et la science du langage corporel, qu'il est nécessaire de connaître, mieux nous pourrons les exploiter.

Les thèmes abordés seront notamment :

- la première rencontre ;
- les rencontres amoureuses ;
- essayer de savoir ce que vous inspirez aux autres ;
- essayer de savoir si quelque chose ne va pas.

Des situations professionnelles seront également étudiées :

- l'entretien de recrutement ;
- l'entretien en vue d'une promotion ;
- les relations quotidiennes avec les collègues, susceptibles de faire naître des conflits parfois très sérieux.

Le chapitre 1 présente l'historique des recherches sur le langage du corps et les controverses auxquelles elles ont donné lieu. Le chapitre 2 examine les bases du langage corporel, et le chapitre 3 traite de la première impression que nous donnons aux autres. Le chapitre 4 est consacré au problème de l'espace individuel (sa signification et les mouvements conscients ou inconscients par lesquels nous le protégeons). Le chapitre 5 traite de divers détails du langage corporel, par exemple de ce que nous faisons de nos mains. Le chapitre 6 couvre les plus récentes observations sur le regard. Le chapitre 7 résume quarante ans de recherches sur les expressions faciales : ce que nous pouvons lire sur le visage de quelqu'un et la façon dont nous contrôlons nos propres expressions.

Le chapitre 8 est consacré au contexte professionnel et traite du langage corporel au bureau et pendant les entretiens. Ce chapitre vous apprend à analyser les tics et les gesticulations de votre supérieur hiérarchique et à résoudre les problèmes relationnels que vous pouvez rencontrer au travail. Il vous présente aussi une technique originale appelée « l'intention paradoxale ». Le chapitre 9 est consacré au flirt, à la séduction et au sexe : comment savoir si vous plaisez à quelqu'un et, tout aussi important, comment savoir que ce n'est pas le cas. Le chapitre 10 traite du mensonge : comment savoir si l'on vous dit la vérité, et comment éviter que le langage de votre corps révèle à votre interlocuteur que vous lui mentez. Le chapitre 11 parle du langage corporel dans différentes cultures, et explique, par exemple, pourquoi il peut être difficile pour des Arabes de saisir les nuances du langage corporel des Japonais. Le chapitre 12 résume ce que j'espère avoir appris à mes lecteurs.

1
La science du langage corporel

Ces dernières années ont vu augmenter le nombre d'études « sérieuses » sur le langage du corps comme jamais auparavant et des spécialistes de la psychologie comme Peter Collett ou Geoffrey Beattie, de la Sheffield University, ont élaboré de nouvelles théories. Les plus récentes techniques d'imagerie cérébrale permettent aux scientifiques de voir quelles régions du cerveau sont les plus sollicitées quand le sujet se consacre à diverses tâches. Ces techniques permettent aussi d'établir un lien entre le langage du corps et certaines régions du cerveau, et d'observer ce qui se produit quand ces régions sont détériorées. Des spécialistes ont ainsi étudié la façon dont les enfants développaient des capacités de langage corporel et ce qu'il convenait de faire lorsqu'ils ne les développaient pas de façon « normale ».

Les signes du ciel

Un bon exemple pour commencer est celui de Bernadette Soubirous, une jeune paysanne qui, en 1853, déclara avoir vu une apparition de la Vierge Marie dans une grotte à Lourdes, dans le sud-ouest de la France. Au début, ses voisins s'étaient montrés sceptiques : la famille de Bernadette était pauvre et avait eu des problèmes avec la police. Cependant, grâce à sa gestuelle, Bernadette n'a pas tardé à convaincre son entourage que la Vierge lui était vraiment apparue.

En l'espace de deux ans, la petite ville de Lourdes était devenue célèbre. Même l'Église, qui craignait toujours que de telles visions ne soient inspirées par le démon, admit que la jeune femme avait bien vu la Sainte Vierge. Chaque année, des milliers de pèlerins se rendent ainsi à Lourdes, et cela, peut-être simplement parce que le langage corporel de Bernadette était si convaincant.

Le reste de ce livre traite de sujets plus éloignés de la spiritualité, comme le sexe, le pouvoir et l'entreprise, mais n'oubliez pas le rapport avec le religieux. Si les gens prient souvent à genoux, une position de soumission par excellence, ce n'est pas un hasard. Les musulmans vont plus loin encore, dans leur façon de se prosterner devant Allah.

Le langage du corps et le mensonge

Les signes du mensonge

Peut-être ne savez-vous pas encore quels sont les gestes qui trahissent souvent les menteurs : le fait de se tripoter les doigts, de se toucher le nez, de jouer avec l'extrémité de ses cheveux, de diriger son regard vers le sol ou vers le côté, de triturer un objet tout en parlant, par exemple son sac, ses gants ou sa cigarette. On dit parfois que les gens qui sont très nerveux se comportent comme s'ils mentaient : il y a du vrai là-dedans.

Grande attention, grande attraction

Carl Rogers (1902-1986), un célèbre thérapeute américain, a fondé une école en promouvant le principe de ce qu'il a appelé l'accueil inconditionnel du patient. Cette expression signifie simplement que le thérapeute doit montrer à son patient qu'il l'écoute et qu'il est totalement concentré (voir figure ci-dessous). Rogers appliquait notamment les techniques suivantes :

- Il laissait à son patient le temps qui lui était nécessaire pour s'exprimer.
- Il hochait la tête pour l'encourager à continuer.
- Quand le patient marquait une pause, il attendait patiemment.
- Il se penchait en avant fréquemment, pour susciter un sentiment d'intimité.

Nombreux sont ceux d'entre nous qui ne savent pas écouter, mais c'est une capacité qui n'a rien de mystérieux et que tout le monde peut acquérir, de même que nous pouvons très bien apprendre à découvrir la plupart des aspects de notre personnalité : un apprentissage indispensable pour qui veut devenir un maître du langage du corps.

Figure 1.1 – L'accueil inconditionnel du patient

Exercice – Un test pour se connaître soi-même

À chacune des propositions qui vont suivre, entourez un chiffre sur une échelle de 1 à 5, où :

- 1 signifie que ce n'est jamais vrai pour vous ;
- 2 signifie que c'est quelquefois vrai pour vous ;
- 3 signifie que c'est parfois vrai pour vous ;
- 4 signifie que c'est très souvent vrai pour vous ;
- 5 signifie que c'est toujours vrai pour vous.

À vous de jouer :

1. Je me soucie de savoir ce que l'on peut penser de moi.

   1 2 3 4 5

2. Je me demande pourquoi je me comporte comme je le fais.

   1 2 3 4 5

3. Avant de sortir, je m'inspecte dans le miroir.

   1 2 3 4 5

4. Quand quelqu'un que je crois être un ami se comporte d'une façon que je ne comprends pas, je suis déstabilisé.

   1 2 3 4 5

5. Je crains d'être bien trop vain.

   1 2 3 4 5

6. Quand j'arrive en un lieu où je ne connais personne, je suis mal à l'aise.

   1 2 3 4 5

7. J'aime essayer de savoir ce que les autres pensent.

   1 2 3 4 5

8. Dans le langage corporel des gens, il y a des choses que je remarque toujours.

   1 2 3 4 5

9. Je pense qu'il est important de rester calme et détendu.

   1 2 3 4 5

10. J'aurais aimé ressembler à quelqu'un d'autre, par exemple à Nicole Kidman ou à Brad Pitt, mais cela ne m'empêche pas de dormir.

    1 2 3 4 5

11. J'ai des difficultés à écouter ce que les autres ont à dire et à me concentrer sur ce qu'ils disent.

1	2	3	4	5

12. J'ai souvent peur de ne pas faire une bonne impression.

1	2	3	4	5

13. J'aime observer les autres.

1	2	3	4	5

14. J'aime observer les autres quand ils ne s'en rendent pas compte.

1	2	3	4	5

15. Cela me dérange de penser que les autres pourraient lire dans mes pensées, rien qu'en m'observant.

1	2	3	4	5

Réponses

En théorie, votre score pourrait atteindre 75.

Les questions 1 à 6, 12 et 15 portent sur votre anxiété liée à l'impression que vous pouvez donner de vous-même. Si c'est pour vous un grand sujet d'inquiétude, votre score peut atteindre 40 sur ces huit questions. Au contraire, une personne très confiante en elle-même pourra ne totaliser que 8 points.

- Si votre total est compris entre 30 et 40, vous êtes très inquiet de la façon dont votre corps parle à votre place.
- Si votre score est compris entre 20 et 30, vous êtes relativement inquiet sur ce sujet.
- En dessous de 20, vous ne vous souciez pas de votre langage corporel.

Les questions 7 à 11, 13 et 14 concernent le détachement et la curiosité à propos du langage du corps. Le score maximum sur ces questions est de 35.

- Si vous avez obtenu un score entre 25 et 35, vous éprouvez une grande curiosité par rapport au langage corporel des autres et vous êtes très détaché.
- Entre 15 et 25, vous êtes moyennement curieux et moyennement détaché.

- En-dessous de 15, vous ne vous intéressez vraiment pas au langage corporel des autres, et c'est dommage car les détails les plus captivants sur leur comportement vous échappent.

Controverse

Aujourd'hui, les spécialistes du langage corporel sont pris dans une controverse. Les traditionalistes considèrent que le langage non verbal peut être presque totalement dissocié du langage verbal. La position la plus extrême est sans doute celle du professeur Albert Mehrabian, un psychologue californien, qui déclarait dans les années 1970 :

- que les mots prononcés ne représentent que 7 % du signifié ;
- que 38 % du signifié est dans le paralinguistique (dans la façon dont les mots sont prononcés) ;
- que 55 % du signifié est dans l'expression faciale qui accompagne le message verbal.

D'après Mehrabian (1972), les indices non verbaux représenteraient donc 93 % du message. Nombreux sont ceux qui tiennent ces chiffres pour vraisemblables. Par conséquent, en théorie, si je souris tendrement et si je prends une voix de colombe pour vous susurrer que vous me cassez les pieds, vous ne devriez pas accorder une grande attention à la partie verbale de mon message, et rien ne devrait vous choquer. En effet, mon message est positif à 93 %.

Pour ma part, je n'expérimenterais pas une telle méthode. La plupart des gens, si vous leur dites qu'ils vous cassent les pieds, s'en offusquent. Il n'est donc pas surprenant que les idées de Mehrabian se trouvent contredites par les ouvrages d'un certain nombre d'auteurs, de chercheurs et même d'artistes. On pourrait notamment citer Shakespeare. L'idée que les gestes comptent davantage que les mots s'oppose aux recommandations formulées par Hamlet au chef de la troupe de théâtre reçue par la cour du roi du Danemark : « Mettez l'action d'accord avec la parole, la parole d'accord avec l'action, en vous appliquant spécialement à ne jamais violer la nature. » Ce conseil reste valable aujourd'hui pour les comédiens.

Un certain nombre de chercheurs, parmi lesquels le psychologue Geoffrey Beattie, dans *Visible Language* (2004), considèrent que la psychologie devrait prendre exemple sur Hamlet. Le geste et la parole vont de pair et devraient être pris en compte conjointement en tant qu'éléments de la communication plutôt que coupés en morceaux comme le suggère Mehrabian. Enfin, selon Beattie, le langage du corps n'en est que plus révélateur : « Nous reconnaissons maintenant que la majeure partie de notre langage corporel est fugace et que, en réalité, il révèle ce que nous pensons plutôt que nos émotions. »

Darwin savait qualifier cela

Les philosophes de la Grèce antique considéraient que les passions bonnes et mauvaises finissent par s'imprimer sur le visage et que chacune a sa propre expression. Pour Homère, l'expression et l'apparence étaient liées au caractère.

Près de deux mille ans plus tard, en 1600, Sir Francis Bacon, le célèbre homme d'État anglais, affirmait qu'il était possible de connaître « les dispositions de l'esprit d'après les linéaments du corps ». Ce principe a été le fondement d'une science, la physiognomonie, laquelle a cependant eu longtemps mauvaise réputation car ceux qui la pratiquaient ne le faisaient souvent que dans un but lucratif. Il y avait tant d'abus qu'en 1743, une loi britannique condamna « tout vagabond prétendant avoir des compétences en physiognomonie » à être fouetté en public ou envoyé en prison. Heureusement, cette loi est maintenant tombée en désuétude. Autrement, j'aurais des ennuis, tout comme un certain nombre de mes collègues.

En 1872, l'éminent et respecté Charles Darwin pouvait sans risque publier *L'expression des émotions chez l'homme et les animaux*. Darwin, le père de la théorie de l'évolution, avait remarqué que les grands singes répétaient encore et toujours certains gestes. Il s'était fait envoyer par des savants du monde entier des exemples intéressants de ce qu'il appelait un « langage animal » pour déterminer d'éventuels liens entre la gestuelle des humains et celle des grands singes. Il avait obtenu des centaines de réponses, en particulier des descriptions de la manière dont les grands singes montraient les dents, riaient ou exprimaient leur triomphe, non pas seulement en se battant la poitrine mais aussi en sautant, en courant ou en glapissant.

Loin de moi l'idée d'insinuer que les footballeurs présenteraient une certaine ressemblance avec les gorilles, mais je dirai que lorsqu'ils marquent un but, ils ont tendance à manifester un comportement que Darwin aurait caractérisé sans peine (comme le montre la figure ci-dessous).

Figure 1.2 – Les hommes et les grands singes

Chez les grands singes, le mâle dominant se frappe la poitrine après avoir réglé son compte à un mâle soumis. Le footballeur qui vient de marquer un but court frénétiquement, fait la roue et serre ses coéquipiers dans ses bras. Les footballeurs ne se frappent généralement pas la poitrine comme King Kong, mais ils se livrent bel et bien à une sorte de danse rituelle dont la signification est évidente : « Je suis le meilleur, le plus fort… », etc.

Il existe toutefois quelques différences entre le gorille dominant et le footballeur qui marque un but. Tout d'abord, les gorilles sont bien trop inhibés pour pouvoir s'adonner à ces étreintes collectives, qui s'observent maintenant même au cricket, ce sport naguère si distingué (W. G. Grace doit se retourner dans sa tombe).

Ensuite, il y a peu de chances que l'avant-centre, dans un excès d'exubérance, se mette à uriner dans le but ou sur ses adversaires.

On ne verra pas non plus un gorille adresser un baiser au public.

D'autre part, il arrive souvent que l'avant-centre, lorsqu'il est hué, défie son public en pointant en l'air un doigt provocateur. Les gorilles ne font pas cela, sans doute parce qu'ils ne se soucient pas de la façon dont la presse couvrira l'événement.

Exercice – Vos émotions et vous

À quelle occasion avez-vous éprouvé pour la dernière fois un sentiment de triomphe ?

Comment vous êtes-vous comporté ?

Vous êtes-vous réjoui de montrer votre excitation aux autres ?

Dans le cas contraire, comment avez-vous tenté de dissimuler ce que vous ressentiez ?

> ***Conseil***
>
> Quand vous triomphez, évitez d'être trop démonstratif. Vous risqueriez de susciter du ressentiment, sauf si votre entourage vous aime vraiment et se réjouit sans réserve de votre succès. La plupart des gens ont des réactions plus ambivalentes.

Darwin supposait même que l'on pouvait déceler l'égoïsme à travers des signes non verbaux : « La ruse s'exprime aussi, je crois, par des mouvements des yeux ou des téguments qui les avoisinent ; en effet, ces mouvements sont moins soumis que ceux du corps au contrôle de la volonté » (1877).

Après Darwin, le langage du corps n'a fait l'objet que de peu d'études scientifiques, jusqu'à ce que deux hommes s'y intéressent dans les années 1960 et confèrent à ce sujet une popularité nouvelle et une respectabilité inédite dans la communauté scientifique. L'un est le zoologue Desmond Morris, l'auteur du *Singe nu* (1967), qui a montré combien le comportement de l'être humain était similaire à celui des gorilles, des babouins et des chimpanzés.

L'autre est Michael Argyle, un homme excentrique qui a été mon professeur de psychologie à Oxford. C'était un homme grand, plutôt peu commode et pas toujours très subtil. Il avait l'habitude d'insérer un coussin sous ses fesses, si bien qu'il paraissait être assis bien plus haut que ses étudiants. Tout en préparant son coussin, il nous expliquait que plus on est assis haut, plus on est en position de supériorité. De la part d'un universitaire distingué, c'était quelque peu surprenant, mais comme nous allons le voir, il avait raison.

D'après Argyle (1975), les gens qui vous regardent droit dans les yeux sont le plus souvent sincères. Les yeux sont les fenêtres de l'âme. Cependant, ce principe ne s'applique pas à tout le monde.

Certaines personnes ont un *type de personnalité machiavélique*. En choisissant cette désignation, Argyle fait référence au fameux ouvrage de Niccolo Machiavel, *Le Prince*, dans lequel certains hommes politiques actuels avouent puiser des idées. On y trouve en effet des conseils de portée universelle sur l'art de comploter, de dissimuler l'information et de prendre l'adversaire par surprise.

Selon Argyle, les personnes qui présentent ce type sont si naturellement retorses qu'elles sont capables de vous dévisager avec toute l'apparence de l'innocence et de la sincérité, tout en vous mentant effrontément.

Shakespeare, qui avait bien assimilé ce type de personnage, faisait dire à Richard III : « Je peux sourire et tuer tout en souriant, et crier mon contentement. »

Shakespeare avait compris que la gestuelle renforce le message verbal, comme il le fait dire à Hamlet, mais aussi, qu'elle ne va pas nécessairement dans le même sens. Freud avait raison de voir en Shakespeare le plus grand psychologue de l'instinct qui ait jamais vécu.

Les individus machiavéliques maîtrisent suffisamment bien le langage de leur propre corps pour pouvoir contrôler les signaux qu'ils émettent. S'ils savent se montrer si convaincants, c'est parce que ces signaux sont précisément ceux dont nous supposons qu'ils sont inconscients et automatiques. Or, les individus machiavéliques les utilisent pour donner l'illusion de leur sincérité. C'est ainsi qu'ils manipulent leur entourage. Ils peuvent, par exemple, vous mentir tout en soutenant votre regard (comme ci-dessous).

Figure 1.3 – Les personnalités machiavéliques

Est-on machiavélique de naissance, ou le devient-on ?

Le langage du corps, dès le plus jeune âge

Nous commençons à apprendre le langage du corps dès la naissance. Nous tétons, nous pleurons, nous agrippons des mains, et au bout de quatre à cinq semaines, nous sourions. Au bout de six à neuf mois, nous tendons la main vers les objets. Dès leurs deux premières années d'apprentissage de la parole, les enfants apprennent qu'il est possible de dire ce que l'on ne pense pas et de ne pas penser ce que l'on dit.

Vers l'âge de 3 ans, nous faisons nos premiers pas dans un apprentissage qui durera toute la vie, celui de la psychologie d'autrui. Personne n'apprend aux enfants à être des Freud en culotte courte et à interpréter les gestes des autres, mais c'est bien ce qu'ils font, sauf s'ils sont autistes ou s'ils présentent le syndrome d'Asperger. À l'âge de 4 ans, un enfant normal en sait déjà beaucoup sur la signification des gestes et connaît donc la différence entre la réalité et le mensonge.

Pour que nos enfants comprennent facilement où se trouve la limite entre le réel et le fictif, nous exagérons souvent nos gestes et nos expressions du visage dès que nous commençons à faire semblant (ce que reproduit l'enfant ci-dessous).

Figure 1.4 – Une expression simulée

Un enfant de 4 ans sait aussi qu'il n'est pas malin de mettre sa main devant sa bouche quand on dit un mensonge. Cependant, sous l'effet du stress, même un adulte cultivé et averti peut ne plus y penser. La prochaine fois que vous verrez une personnalité de la politique à la télévision, essayez de détecter les signes permettant de savoir si elle dit la vérité. Regardez, par exemple, où sont ses mains.

Quand on dissimule sa bouche à l'aide de sa main ou de ses doigts, cela signifie que la bouche a « honte » de ne pas dire la vérité. Quand un enfant fait « chut ! » en posant l'index devant les lèvres, il applique ce principe. Argyle (1975) a aussi largement étudié les signes révélateurs d'une tromperie que certains psychologues comme Peter Collett (2005) appellent des gestes qui parlent.

Figure 1.5 – Un signe de mensonge : une main sur la bouche

Là encore, nous sommes redevables à Freud. Dans *Psychopathologie de la vie quotidienne* (1930), il a donné un certain nombre d'exemples de « parapraxies », c'est-à-dire d'oublis ou d'erreurs d'un genre particulier. L'inconscient est primitif et rempli de désirs tabous qui ont tendance à affleurer. Freud a raconté le cas d'une patiente qui affirmait être heureuse en ménage mais qui n'arrêtait pas de tripoter son alliance, de l'enlever de son doigt et de la remettre. On n'a pas besoin d'être un génie pour comprendre que de tels gestes trahissent une ambivalence. Les motivations et les souhaits inconscients finissent par émerger. Cependant, tous les signes ne sont pas aussi parlants ni aussi transparents que ces gestes autour de l'alliance.

En anglais, le terme désignant un geste qui parle est *tell*. Il est emprunté au vocabulaire du poker, mais son emploi s'est maintenant généralisé. Dans le film *Casino Royale* avec Daniel Craig, il est beaucoup question des *tells* pendant la partie de poker entre James Bond et Le Chiffre. C'est Bond qui gagne, mais il n'est pas assez expert en langage du corps pour remarquer que sa nouvelle petite amie est en réalité du côté des méchants : c'est une personne véritablement machiavélique.

Les célébrités, la politique et le langage du corps

À l'époque où Gordon Brown et Tony Blair s'affrontaient, leur langage corporel fascinait les journalistes. En 2004, le *Daily Mail* avait demandé à Peter Collett, l'auteur de la théorie des gestes qui parlent, d'étudier des vidéos des deux hommes. L'un était alors chancelier, l'autre Premier ministre.

Malgré tous les efforts de ces deux leaders pour dissimuler à quel point ils étaient en compétition, leurs pieds le révélaient. Pendant l'allocution de Tony Blair au congrès du Parti travailliste de 2004, Brown s'est trémoussé pas moins de 322 fois. Il s'est notamment massé les poignets quinze fois et a regardé le sol à de multiples reprises. Collett a aussi compté combien de fois il s'est croisé les bras et combien de fois il s'est passé la main sur le visage.

« M. Blair trahit aussi son sentiment d'insécurité en se passant la main sur le ventre, un signe de recherche du confort maternel », a aussi conclu Collett. Une mère, pour calmer son bébé, a tendance à lui caresser le ventre. Le *Psycho Mail* a ajouté : « Sa mère n'est pas là pour lui caresser le ventre, donc il le fait lui-même. »

En 2006, il y a eu pire. Alors même qu'il faisait l'éloge de Tony Blair, Gordon Brown s'est touché le nez.

D'après un certain nombre de spécialistes, se toucher le nez est un « geste de déplacement » indiquant que la personne ment. Cependant, cette idée provient d'un conte de fées, l'histoire de Pinocchio dont le nez s'allonge à chaque fois qu'il dit un mensonge. Certains pensent que si un menteur touche son nez, c'est parce que l'afflux sanguin augmente à ce moment-là. Ce qui ressemble à un tic nerveux serait donc en réalité une tentative de dissimulation, le menteur essayant de cacher un nez qui rougit.

Exercice – Mentez-vous souvent ?

Pendant une journée, relevez toutes les fois où vous vous touchez le nez et notez ce que vous disiez ou pensiez à ce moment précis. Combien de fois avez-vous menti ?

L'intérêt du public pour le langage du corps n'a pas été sans conséquences. Quand Desmond Morris et Michael Argyle ont commencé à étudier ce domaine dans les années 1960, seuls les psychologues savaient vraiment de quoi il était question. Aujourd'hui, nous en avons tous des notions, du moins dans les pays développés. Nous connaissons au moins les signes les plus évidents du langage du corps, si bien que celui-ci est à la fois plus compliqué et plus intéressant à observer.

Une notion essentielle à maîtriser est maintenant celle de déplacement.

Le déplacement

En psychologie, on définit le déplacement comme « l'accomplissement d'un acte inapproprié par rapport au stimulus qui l'inspire ». Pour une autruche qui voit un léopard prêt à bondir, la meilleure réaction serait de courir. Si, au lieu de cela, elle se cache la tête dans le sable, cela n'effraie aucun prédateur mais c'est sans doute un moyen pour elle de se déstresser – du moins pendant quelques secondes. Le déplacement est ce qui se produit généralement quand un animal est en proie à deux sollicitations en conflit l'une avec l'autre, par exemple lorsqu'il veut s'accoupler et craint en même temps un concurrent plus fort. Certains oiseaux, dans une telle situation, se perchent sur une patte.

L'être humain aussi est sujet au déplacement, même s'il ne se cache généralement pas la tête dans le sable et ne se tient pas sur une seule jambe. Les formes courantes de déplacement consistent à se gratter derrière l'oreille, à mettre les mains derrière le dos et à arpenter la pièce. Un petit enfant que l'on réprimande aura tendance à placer sa main derrière la tête et à éviter le regard de ses parents. Certains – comme le font aussi certains animaux – boiront ou mangeront. Un homme qui ne sait pas très bien comment s'y prendre avec la femme qui l'intéresse aura tendance, par exemple, à manger sans arrêt des chips et des cacahuètes au bar.

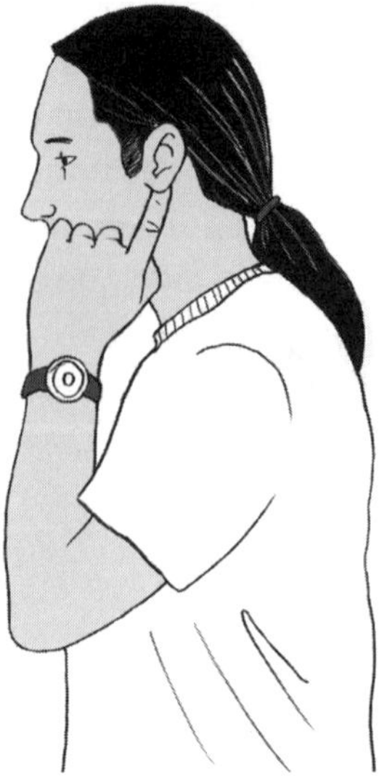

Figure 1.6 – Une forme de déplacement : se gratter derrière l'oreille

Le langage du corps nous donne des indications du stress du sujet, et même d'états pathologiques plus graves.

Langage du corps et pathologie mentale

Au XIXe siècle, les psychiatres photographiaient leurs patients pour pouvoir disposer d'exemples parfaits de dépression et d'hystérie. Ces clichés sont parfois tout à fait grotesques. Aujourd'hui, si vous vous rendez dans un hôpital psychiatrique, même s'il s'agit d'un établissement hébergeant des fous dangereux, vous ne verrez rien de ce langage corporel qui était si caractéristique il y a cent cinquante ans. Les médicaments permettent maintenant de faire disparaître un certain nombre de symptômes. Mais vous pourrez encore voir des patients prostrés sur leur lit, recroquevillés à terre dans une position fœtale ou affalés dans un fauteuil. Ce sont autant de signes classiques de dépression clinique. Vous verrez aussi des patients faire les cent pas, encore et encore. Tout cela est dû d'une part à l'anxiété et d'autre part aux effets secondaires des médicaments.

Se cogner la tête contre un mur est une forme extrême de langage corporel destructif, aussi dramatique que symbolique. C'est le moyen d'expression d'enfants ou d'adultes perturbés et certains prétendent s'efforcer ainsi de chasser les esprits du mal. Pour eux, c'est le seul moyen de le faire.

Petit à petit, les psychologues ont pris conscience de l'importance du langage du corps dans la pathologie mentale. Une expérience assez originale révèle à quel point certaines personnes peuvent être dans l'incapacité de comprendre le langage du corps.

On a montré à des sujets une vidéo dans laquelle des corps humains en mouvement exprimaient le bonheur ou la tristesse. Cette vidéo a ensuite été traitée de façon à ce que plus aucun visage ni aucune forme n'y soient visibles. Les personnes filmées n'apparaissaient plus que comme des successions de points lumineux marquant les articulations du squelette. Leur représentation devenait encore plus lacunaire que les dessins d'enfants sur lesquels le corps et les membres ne sont que des traits.

On a ensuite demandé aux sujets quelles émotions reflétait le mouvement des points lumineux. (Pour une personne normale, un mouvement rapide et exubérant évoque la joie.) Ceux des sujets qui étaient atteints de schizophrénie se sont montrés totalement incapables d'établir le lien entre les mouvements et les émotions alors que les sujets normaux ont très bien su le faire.

Une seconde expérience est venue confirmer ces résultats. On a montré aux sujets des vidéos de scènes diverses dans lesquelles le visage des acteurs n'était plus visible. Ensuite, ils ont pu voir les mêmes séquences avec les visages. Les sujets normaux ont bien mieux compris de quoi il retournait lorsqu'ils ont pu voir les visages des acteurs, tandis que pour les sujets atteints de schizophrénie, la visibilité des visages n'a rien changé.

« Le test de la vidéo a montré que les patients atteints de schizophrénie avaient des difficultés aussi bien à tirer parti de l'information supplémentaire apportée par le visage humain qu'à déchiffrer les stimuli socialement pertinents qui ne sont pas transmis par les expressions faciales » a déclaré le psychologue Sergio Paradiso (1999).

Les autistes ont des difficultés plus grandes encore. Dans son best-seller inattendu *Le Bizarre incident du chien pendant la nuit*, Mark Haddon se place du point de vue d'un garçon autiste et intelligent. Un des problèmes de ce garçon est qu'il prend tout au premier degré. C'est un génie de la logique et des mathématiques, mais il ne saisit pas les aspects les plus fondamentaux du langage du corps. Il ne comprend pas, par exemple, que le fait que sa mère pleure signifie qu'elle est triste.

On ignore pourquoi les personnes atteintes d'une pathologie mentale savent si mal interpréter le langage du corps, pourtant bien décrypté par la plupart des gens. Puisque le but de ce livre est de vous apprendre à observer, vous devez acquérir une compétence réelle dans ce domaine si vous voulez devenir un as du langage du corps.

Comment observer les autres (discrètement)

Figure 1.7 – Observer discrètement les autres

Il s'agit pour vous d'acquérir une technique fondamentale mais subtile. Ne fixez jamais trop longtemps des yeux les gens que vous observez (vous risqueriez de les indisposer). Jetez plutôt un coup d'œil dans leur direction de temps à autre (comme ci-dessus). Dans ce genre de situation – et durant mes recherches pour écrire ce livre, j'ai souvent observé les gens – je me tourne dans une autre direction tout en continuant à observer mon « sujet » du coin de l'œil. C'est une technique qui nécessite un peu d'entraînement.

2

Les bases du langage corporel

Tout langage parlé, du français le plus châtié au japonais des yakusas, est constitué de substantifs, de verbes, d'adverbes et d'adjectifs avec lesquels on forme des phrases. Le langage du corps a aussi son vocabulaire et sa grammaire. Voyons maintenant ce qui les caractérise.

L'imitation

J'aimerais commencer par une chose que beaucoup d'entre nous font parfois, consciemment ou non. Des recherches récentes ont permis des découvertes surprenantes sur la façon dont nous imitons nos interlocuteurs.

Voyant que vous croisez les bras, j'en fais autant pour vous montrer que je me sens proche de vous. C'est ce que l'on appelle la posture en écho (voir en page suivante).

Figure 2.1 – L'imitation, ou posture en écho

Jusqu'à la fin des années 1970, les psychologues considéraient que cette faculté d'imitation ne pouvait s'observer qu'à partir de 6 ans, quand l'enfant est capable de faire quelque chose de façon tout à fait délibérée.

Dans les années 1980, pourtant, des psychologues se sont aperçus avec stupéfaction que si l'on tirait la langue devant un nouveau-né âgé de deux jours seulement, celui-ci tirait souvent la langue à son tour. Jusqu'alors, on considérait les nouveau-nés comme animés par de simples réflexes et tout juste capables de téter et d'excréter.

Exercice – L'imitation chez les bébés

Si vous en avez la possibilité, tirez la langue à un nouveau-né, et voyez ce qui se produit.

La conclusion était évidente : un nouveau-né est capable de diriger son attention sur les yeux et sur le visage d'autrui. Il y a une trentaine d'années, les scientifiques ne comprenaient pas comment le cerveau le permettait. Le bébé ne connaît rien, bien sûr, mais il « utilise » ce que l'on appelle maintenant les neurones miroirs. C'est d'abord chez les singes que ces neurones miroirs ont été mis en évidence. Darwin aurait été content de le noter.

Ce que font et ce que voient les singes, grâce aux neurones miroirs

Des études ont montré que les macaques avaient des neurones miroirs dans les lobes frontaux, au-dessus des yeux. Ces lobes frontaux permettent, entre autres, de planifier l'avenir.

Les neurones miroirs interviennent non seulement quand le singe effectue une certaine tâche, mais aussi quand il voit quelqu'un d'autre effectuer cette même tâche. Le même phénomène s'observe chez l'être humain. Quand je vous vois croiser les bras, des circuits neuronaux, dans mon cerveau, me disent de croiser les bras également. Quand vous voyez quelqu'un qui semble joyeux, ou contrarié ou en colère, vos neurones miroirs activent les circuits qui correspondent à ces états.

En Allemagne, Andreas Hennenlotter a étudié en 2005 l'activité cérébrale associée au sourire. Il a utilisé l'imagerie cérébrale pour observer ce qui se passait dans le cerveau quand le sujet sourit et quand on lui sourit. Dans les deux cas, les neurones qui s'activaient étaient à peu près les mêmes.

Selon les plus enthousiastes, l'étude de ces neurones doit permettre d'expliquer comment fonctionnent l'imitation, l'intuition, l'empathie, et, aux dires de certains, la télépathie. Un individu dont les lobes frontaux présentent des lésions peut avoir de grosses difficultés à se socialiser.

Exercice – Entraînez-vous à observer…

Ce soir, observez les positions et la gestuelle de votre conjoint, de vos amis ou de vos proches. S'ils croisent les bras, imitez-les. S'ils se penchent en avant, faites de même.

Faites cet exercice pendant un quart d'heure et tâchez de compter le nombre de gestes que vous imitez. Ensuite, demandez à vos proches s'ils ont remarqué quelque chose de particulier dans votre comportement.

Naturellement, l'idéal serait que votre entourage n'ait rien remarqué. Dans le cas contraire, votre comportement d'imitation n'est pas assez subtil. Il faut que votre entourage ait l'impression que vous partagez quelque chose avec lui, mais sans se rendre compte de la façon dont vous vous y prenez.

Parmi les autres éléments du langage du corps, nous avons les expressions faciales.

L'expression du visage

Le visage de l'être humain est très expressif. Le plus souvent, nous n'avons pas besoin de prononcer un seul mot pour que nos interlocuteurs comprennent dans quelles dispositions nous sommes. Nous reconnaissons particulièrement bien six expressions émotionnelles fondamentales : la joie, le dégoût, la tristesse, la peur, la colère et la surprise (voir figure 2.2, p. 41).

Un enfant normal sait déchiffrer une expression du visage dès l'âge de 4 ans. À 5 ans, il sait aussi très bien simuler : il sait comment paraître joyeux ou triste (même s'il a tendance à exagérer un peu l'expression). On pourrait affirmer que c'est une chose que les enfants doivent apprendre : si nous étions constamment honnêtes et francs, la vie serait encore moins drôle. Notre visage ne révèle donc pas toujours ce que nous éprouvons vraiment. C'est précisément parce que les enfants autistes disent toujours la vérité que les relations avec eux sont difficiles.

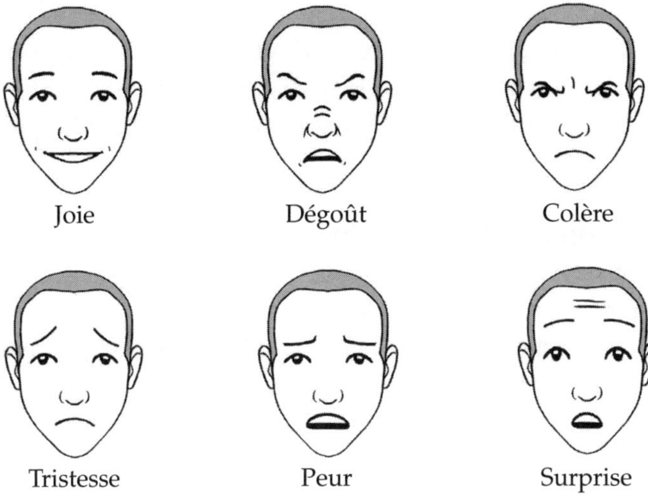

Figure 2.2 – Six expressions fondamentales du visage

Les mouvements de la tête

En moyenne, lorsqu'il n'est pas seul, l'être humain hoche la tête une centaine de fois en une heure. En général, on hoche la tête consciemment pour dire « oui », mais les mouvements de la tête qui sont vraiment intéressants sont ceux qui ne sont pas nécessairement conscients. Ils peuvent être le signe, par exemple, que la personne vous écoute, ou qu'elle voudrait maintenant dire quelque chose.

Des recherches ont aussi été faites sur l'origine du geste avec lequel nous faisons « non » de la tête. Il semble que cette signification se retrouve dans la plupart des cultures. Sans doute est-ce parce qu'un bébé qui a absorbé suffisamment de lait tourne la tête. Il s'agit d'un des premiers gestes sur lesquels le bébé exerce un contrôle. C'est donc ainsi que nous apprenons à dire non.

La position du corps par rapport à autrui

La façon dont une personne se tient vis-à-vis des autres est fondamentale : elle peut adopter une position ouverte ou fermée, accueillante ou défensive. On distingue ainsi différents types de position.

Exercice – Étudiez vos postures

Quelle position adoptez-vous quand vous êtes assis en compagnie d'une personne que vous aimez ?

Comment votre posture change-t-elle si cette personne dit quelque chose qui vous fâche ?

Pensez au dernier moment que vous avez passé en compagnie de quelqu'un : du début à la fin, votre posture a-t-elle changé ? De quelle façon ?

Dans une relation amoureuse, on voit souvent l'un des deux partenaires s'enrouler autour de l'autre. Si sa posture ressemble à celle du fœtus, ce n'est pas un hasard.

Les femmes psychologues disent souvent que les hommes s'étalent et qu'ils occupent davantage d'espaces que les femmes. Dans la position type de l'homme assis, les genoux sont écartés. Les femmes adoptent une posture moins désinvolte (comme ci-dessous).

Figure 2.3 – Entre l'homme et la femme, la façon de se tenir assis n'est pas la même

Les gestes de la main

Il existe mille façons de se servir de ses mains. Un geste des mains peut servir à souligner des propos, ou parfois à remplacer la parole. Il peut aussi arriver que le geste soit en contradiction avec la parole. Ainsi, par exemple, si votre supérieur, tout en déclarant qu'il pense que vous avez fait du bon travail, tape du doigt sur la table, ou pire, se mord les ongles, vous pouvez commencer à vous inquiéter. Ce ne sont pas des signes de contentement ni de chaleur, ce sont plutôt des signes indiquant que sa louange n'est pas sincère.

Figure 2.4 – Un geste de la main :
le fait de tapoter sur la table avec les doigts

La position de la paume de la main est aussi un indice déterminant. Une main ouverte, paume vers le ciel, est un signe de vulnérabilité. Sa signification est très différente de celle d'une main retournée, pour ne pas parler du poing fermé (voir en page suivante).

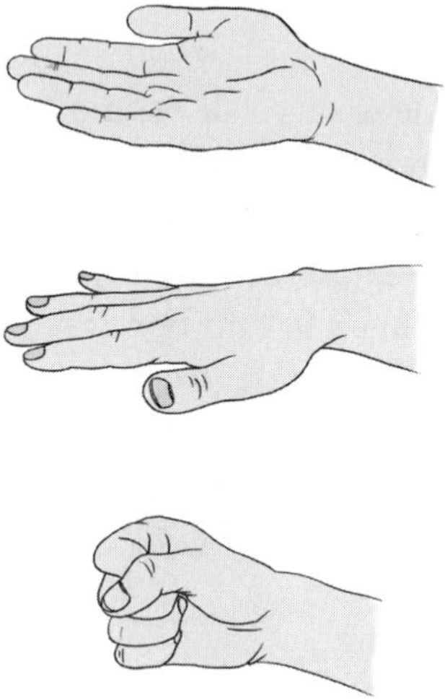

Figure 2.5 – Gestuelle de la main :
paume vers le ciel, paume vers le sol et poing fermé

Les gestes et la position des bras

Les gestes des bras sont plus amples et moins subtils que les gestes des mains.

La plupart des gens, dans certaines situations, semblent pataud parce qu'ils ne savent pas quoi faire de leurs bras. Le prince Charles nous suggère une solution : souvent, il garde les mains dans le dos ou dans les poches, ce qui signifie, bien sûr, qu'il n'a pas à se soucier de savoir que faire de ses mains ou de ses bras (voir en page suivante). Cependant, une telle posture peut aussi suggérer que vous avez quelque chose à cacher.

Figure 2.6 – La position des bras : mains dans les poches

Souvent, nous nous servons de nos bras pour inclure les autres, mais nous pouvons aussi nous en servir pour les rejeter. Un bras autour de vos épaules signifie « je suis avec toi » ou « je veux te protéger ». Si vous croisez les bras, en revanche, c'est une gestuelle défensive, une façon d'établir une barrière, de dire « n'approchez pas ».

Les mouvements d'autres parties du corps comme les genoux, les chevilles et les pieds sont moins consciemment contrôlés que ceux des bras et des mains. L'homuncule en est l'illustration classique (voir en page suivante). La taille des membres indique l'importance de la masse cérébrale qui leur est consacrée. Remarquez la disproportion des lèvres, des mains et des doigts, elle reflète l'attention que le cerveau leur accorde.

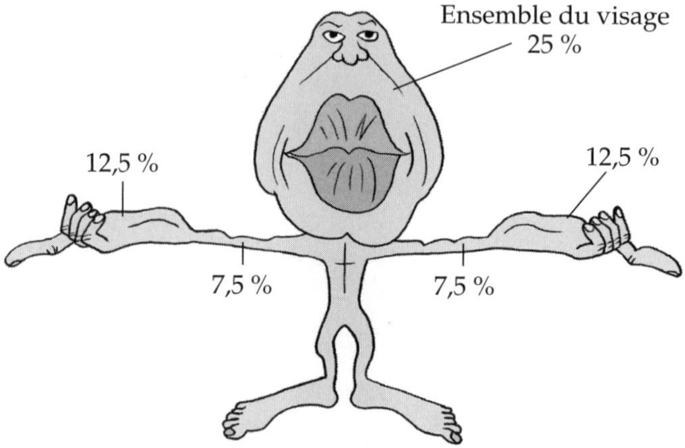

Figure 2.7 – L'homuncule : pourcentage de la masse cérébrale consacré à chaque partie du corps

Les genoux, les pieds et les chevilles

Nous faisons moins attention aux messages véhiculés par ces extrémités du corps. Ces messages ne sont pas toujours très intéressants, mais ils permettent souvent de se faire une idée de la nervosité de la personne.

Se tenir penché en avant, quand on est assis, tout en posant les deux mains sur les genoux, est une façon de se toucher pour se mettre à l'aise. Selon Desmond Morris, l'auteur du *Singe nu*, cette position peut aussi signifier « je suis sur le point de partir » (voir figure 2.8).

Nous allons voir à présent des positions de pieds que les gens adoptent souvent sans en avoir nécessairement conscience.

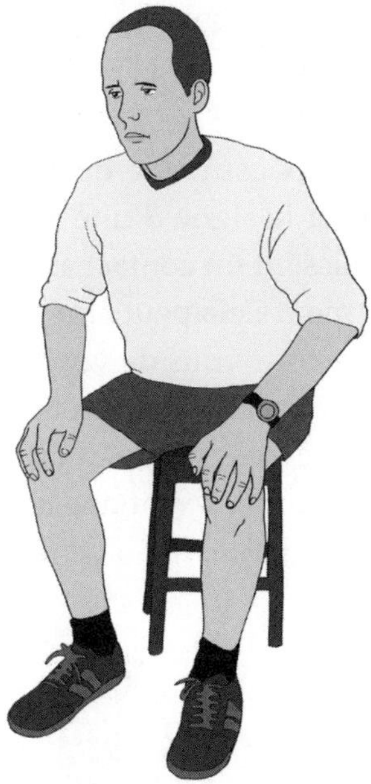

Figure 2.8 – Les mains sur les genoux

Figure 2.9 – Les pieds croisés

- Les orteils sont écartés ou repliés. La première position est souvent une invitation, la seconde signifie au contraire « laissez-moi seul(e) ».
- Un des deux pieds est passé derrière l'autre (figure 2.9). Cette position est le signe d'une anxiété que vous voulez contrer en établissant un contact avec vous-même.
- Vous tapez du pied. Cela peut être un signe d'anxiété, mais aussi un moyen pour vous de vous obliger à vous concentrer en créant une tension corporelle.

La prochaine fois que vous verrez quelqu'un se tenir assis avec un pied croisé derrière l'autre, demandez-lui s'il se rappelle quand – et pourquoi – il a fait ce geste. Il y a de fortes chances pour qu'il l'ignore.

Figure 2.10 – Les jambes croisées

Croiser les pieds est généralement une posture défensive et correspond, comme tant d'autres manières de se toucher, à une façon de se conforter ou de se protéger. Celui qui a peur s'enveloppe de ses bras, mais ces gestes peuvent aussi servir à se maintenir en état d'alerte. Il en est de même quand on se pince. Au Moyen Âge, les moines se flagellaient par pénitence, mais aussi parce que cela les maintenait dans un état d'éveil.

Le regard

La façon dont nous regardons les autres est très révélatrice. Est-ce que nous fixons nos interlocuteurs ou est-ce que nous leur jetons plutôt des regards furtifs ? Pendant combien de temps les fixons-nous en moyenne ?

Le regard a toujours fasciné les gens. Des tablettes d'argiles sumériennes datant de trois mille ans avant Jésus-Christ racontent comment l'œil de la mort donnait à Ereshkigal, déesse des enfers, le pouvoir de tuer Inanna, la déesse de l'amour. Aujourd'hui, le regard fait l'objet de nombreuses recherches.

Le regard et les codes sociaux

Les six muscles qui participent au mouvement de chaque globe oculaire sont communs à tous les vertébrés. Les nerfs de ces muscles sont liés aux parties du cerveau qui régissent l'inconscient, aussi bien qu'à celles dont dépend la pensée. C'est pourquoi notre regard en dit parfois plus long que nous l'aurions voulu !

Notre « comportement oculaire », et notamment le temps pendant lequel nous dévisageons les gens, est généralement déterminé par la culture dans laquelle nous avons grandi. En Occident, en règle générale, si vous regardez la personne pendant un temps trop court, vous risquez de passer pour quelqu'un de fuyant ou de fourbe ; au contraire, si vous la fixez pendant un temps trop long, vous risquez d'être perçu comme quelqu'un qui cherche à dominer. Nous restons généralement à l'aise si le regard de l'autre rencontre le nôtre pendant 60 à 70 % du temps. Au-delà, nous donnons à la personne l'impression que nous lui accordons un intérêt très particulier. Autrement, pourquoi les amants se regarderaient-ils ainsi dans les yeux ? À l'inverse, si vous ne croisez le regard de votre interlocuteur que pendant moins du tiers du temps, celui-ci risque de vous soupçonner de lui cacher quelque chose ou d'être malhonnête.

Dans certaines cultures, il est d'usage de fixer les gens davantage qu'en Occident. En Arabie, en Amérique latine et dans certains pays de la Méditerranée (les cultures du « contact »), on fixe des yeux son interlocuteur plus volontiers que ne le font les Anglo-Saxons. Dans ces cultures, ne pas regarder suffisamment les autres est perçu comme une marque de fausseté, de malhonnêteté ou d'impolitesse, tandis que dans les pays occidentaux et anglo-saxons, fixer les gens est souvent perçu comme une attitude menaçante, irrespectueuse et insultante (Argyle, 1975).

Le fait de fixer quelqu'un peut aussi être interprété comme un signe de domination, tandis que regarder ailleurs ou éviter le regard peut être considéré comme un signe de soumission. Il se peut que nous ayons hérité cela de nos lointains ancêtres, sachant que chez les primates, la fixation du regard fait partie des armes du mâle dominant. Le sociologue Erwin Goffman (1989) en a décrit un exemple extrême : le « regard de haine » prolongé. Si vous fixez trop longtemps quelqu'un du regard, il aura tendance à interpréter cela non seulement comme un acte délibéré, mais aussi comme une violation des règles sociales habituelles et comme une agression.

Figure 2.11 – Le regard dominant

Toujours sur le thème du regard dominant, certains chercheurs parlent d'un regard « colonial » ou d'un regard « de touriste », qui serait une manière détachée de contempler quelqu'un comme si l'on s'en sentait propriétaire. Jonathan Schroeder, de l'université d'Exeter (1998), évoque des « explorateurs » qui « scrutent une terre nouvellement découverte » dont ils convoitent les « ressources ».

Si vous fermez les yeux tout en parlant, ou si vous donnez l'impression de les fermer en battant continuellement des paupières, vous risquez fort de déconcerter votre interlocuteur. Vous lui donnez ainsi l'impression que vous l'évacuez de votre conscience. Cela peut aussi être le signe que vous ne dites pas la vérité. Il se peut que ce soit chez vous une habitude et que vous n'en ayez pas conscience, mais l'impact est très négatif. Quand on s'adresse à quelqu'un, fermer les yeux n'est vraiment pas sympathique.

Figure 2.12 – Battre des paupières

À l'opposé, l'attrait exercé par une personne peut être proportionnel à la dimension de ses pupilles. En effet, des études ont montré que les femmes, en particulier, étaient plus attirantes quand leurs pupilles étaient plus dilatées que la normale (figure 2.13). Dans certaines cultures, on utilisait, ou même on utilise encore de la belladone pour les élargir.

Le regard est même susceptible de traduire l'orientation sexuelle. Certains homosexuels affirment se reconnaître entre eux par un regard particulier, « non seulement prolongé, mais aussi pénétrant » selon ce qu'affirme Patrick Higgins dans son livre *A Queer Reader* (1993).

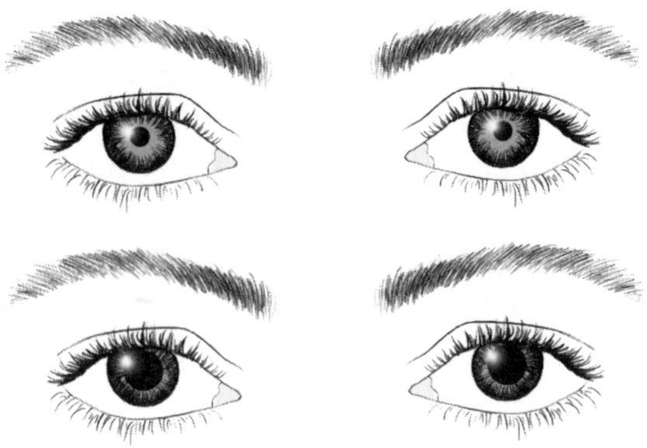

Figure 2.13 – La dimension des pupilles

Souvent, les psychologues filment le comportement des parents avec leurs enfants et celui des gens qui se rencontrent pour la première fois afin d'étudier ce que révèlent les regards. Avec les techniques de vidéo actuelles, il est devenu possible de suivre avec minutie le regard des sujets. Parfois aussi, ils se regardent eux-mêmes ou ils regardent une certaine partie de leur corps.

Cette façon de se regarder soi-même est très révélatrice, surtout quand il s'agit de regards très brefs et le plus souvent inconscients. Ce sont des signes d'anxiété, comme si le sujet voulait vérifier qu'il est toujours là, qu'il existe encore. Ce n'est pas du tout comme se regarder volontairement dans une glace.

Selon certaines écoles de thérapie comme la Programmation neurolinguistique (PNL), la direction du regard est très révélatrice de la pensée de la personne. Nous verrons cela plus en détail au chapitre 9.

Tics et déplacements

Nous ne sommes souvent pas conscients de ce que nous faisons. Je peux penser que je vous regarde intensément, alors qu'en même temps, je me gratte la joue et je vérifie la position de ma cravate. Faire l'un et l'autre est parfaitement acceptable, mais c'est parfois le signe d'une certaine anxiété. Les femmes se touchent souvent les cheveux, ou les rabattent en arrière. Parfois, nous sommes incapables de contrôler certains tics ou certains déplacements, ce qui peut être très ennuyeux.

Figure 2.14 – Une forme de déplacement, repousser ses cheveux

Comme on l'a vu, le déplacement est souvent le résultat d'un stress ou d'une ambivalence : on tripote le revers de sa veste parce que, ne tenant pas en place, on éprouve le besoin de faire quelque chose. Parfois, on a envie de prendre la main de son interlocutrice, mais on a peur d'être repoussé.

Illustration

On trouve un bon exemple de déplacement dans un entretien que j'ai eu un jour avec Niko Tinbergen, spécialiste en éthologie animale et prix Nobel. Tinbergen m'avait dit : « Un jour où ma fille s'était mise à bâiller de façon compulsive, notre médecin de famille a dit qu'elle paraissait très fatiguée. J'avais alors dû lui expliquer qu'elle était apeurée : c'est un déplacement très fréquent, comme se gratter ou se mordre les ongles quand on est stressé. » (Cohen, 1977)

Exercice – Quels sont vos tics ?

Notez six gestes que vous faites quand vous êtes anxieux.

Demandez à l'un de vos proches lesquels de ces gestes il remarque.

Voulez-vous changer cela ? Vous pouvez le faire, en étudiant vos gestes et en mettant au point un programme d'entraînement pour que ces gestes cessent d'être vos réactions inconscientes normales.

J'espère vous avoir bien fait comprendre que ces bases du langage du corps engendrent un dilemme. Comment savoir si quelqu'un pense vraiment ce qu'il nous dit ? Ou bien, pour le dire de façon plus poétique :

Vous souriez.
Je me demande si c'est voulu
Étant tout à fait persuadé
Que vous vous posez
La même question sur moi.

Mon « poème » est inspiré d'un livre écrit par R. D. Laing, un psychiatre célèbre dans les années 1960 et 1970. Dans *Nœuds* (1970), il étudie la complexité des relations humaines à travers ce genre de poésie et revient un certain nombre de fois sur cette grande question :

- Comment puis-je savoir ce que vous pensez ?

Il aborde également d'autres questions d'ordre plus égocentrique :

- Comment puis-je savoir ce que vous pensez de moi ?
- Le langage de mon corps révèle-t-il des choses que je ne souhaite pas révéler ?
- Si je laisse voir des peurs, des faiblesses ou des pulsions secrètes, comment puis-je changer cela afin d'éviter à l'avenir de me « trahir » ?

Dès que nous rencontrons quelqu'un, nous commençons à nous demander ce qu'il pense de nous.

3
La première impression

Quand vous entrez dans une pièce, quelle impression donnez-vous ? Est-ce que les gens se disent « Voilà quelqu'un qui est sûr de lui » ou est-ce qu'ils pensent « Pauvre créature pathétique » ? Plus important encore, vous ont-ils seulement remarqué ?

En 1979, un psychologue américain, Robert Zajonc, avait publié une théorie selon laquelle nous jugeons de façon quasi instantanée les personnes que nous rencontrons pour la première fois. En l'espace de trois secondes, nous décidons si nous aimons ou non la personne en question. Notre réaction est moins rationnelle qu'émotionnelle. Nous parlons parfois d'alchimie, ou nous disons que le courant passe, mais sans bien savoir ce qui déclenche ce phénomène.

Des recherches sur le cerveau montrent que ce qui ressemble à une réaction chimique se produit de façon extrêmement rapide. La réponse – positive ou négative – est déclenchée au bout d'environ 400 millisecondes ! Au début, Zajonc avait affirmé qu'il n'était pas en notre pouvoir de changer quelque chose à cette réponse chez autrui. Cependant, cette perception a changé, et nous en savons de plus en plus sur ce qui engendre une première impression favorable ou défavorable.

Exercice – Comment gérez-vous votre image ?

Vous avez rendez-vous avec une personne que vous n'avez encore jamais vue. Comment réagissez-vous ?

L'anxiété vous conduit-elle à vous interrompre dans votre élan et à vérifier votre apparence ?

Êtes-vous mal à l'aise ?

Vous dites-vous qu'il n'y a pas de problème et que, si vous lui plaisez, cela ne fera pas de différence ?

Dans le passé, seules les femmes passaient du temps à se faire belles. Cependant, depuis une quinzaine d'années, les hommes soignent aussi leur apparence, si bien qu'il existe aujourd'hui toute une industrie des produits de beauté masculins. Nous nous soucions constamment de notre aspect, mais heureusement, des spécialistes sont là pour nous aider.

Construire son image

Michelle T. Sterling a fondé Global Image Group, qui aide ses clients à « faire une première impression très positive » et à « marquer leur identité, par leur tenue vestimentaire et par la mise au point d'une image, par la communication par l'étiquette et par le protocole ». Pour elle, chacun de nous a sa propre « marque » : « Les gens jugent votre apparence visuelle et comportementale de la tête aux pieds. Ils observent votre allure, vos manières et le langage de votre corps, et ils vous jugent même sur votre coiffure et sur vos accessoires : votre montre, votre sac, votre mallette. En l'espace de trois secondes seulement, vous laissez une impression indélébile. Vous pouvez en intriguer certains et en décevoir d'autres. Une fois que la première impression est ancrée, elle est pratiquement irréversible. »

Selon Michelle Sterling, nous pouvons tout de même garder espoir : « Vous pouvez apprendre à laisser une première impression positive et durable, à la modifier pour l'adapter à une situation donnée et à en sortir vainqueur. Pour cela, il vous faut étudier et déterminer votre personnalité, votre apparence physique, votre style de vie et vos objectifs. »

Je ne peux pas vous garantir que ce livre vous permettra de parfaire votre personnage et son image, mais il devrait au moins vous permettre de repérer les erreurs à éviter et de commencer à corriger vos points faibles.

Tout réussit à celui qui se grandit

Figure 3.1 – Une personne confiante et sûre d'elle

Comparez ces deux propositions :

Elle est entrée dans la pièce, d'un pas assuré et avec un port de tête altier, et elle a souri.

Elle est entrée en traînant des pieds et elle est allée s'affaler sur un fauteuil, dans un coin.

Dans les deux cas, nous nous imaginons rapidement la personne. C'est en partie parce que sa posture nous suggère un certain type de personnalité et un certain niveau de confiance en soi.

Le premier élément d'un langage corporel « positif » est connu depuis des siècles. Dans la Rome antique, on exigeait des soldats qu'ils se tiennent droits. Le soldat qui s'affalait sur sa lance se faisait réprimander vertement par son centurion, tout comme la jeune recrue aujourd'hui.

L'idée qu'une posture droite et altière traduise la confiance en soi, l'assurance et de bonnes dispositions est profondément inscrite dans l'esprit humain. Elle provient de notre ascendance animale. Dans un troupeau, l'individu qui dépasse est souvent le chef.

Les hommes sont très conscients de leur propre taille, question d'autant plus préoccupante pour eux car ils pensent que les femmes préfèrent les hommes plus grands que la moyenne. En novembre 2006, un examen rapide des petites annonces de rencontres du *Sunday Telegraph* montrait que le mot que les hommes utilisaient le plus pour se décrire n'était ni « sexy », ni « intelligent », ni « charmant », mais « grand ».

De même, dans *The Times* du 17 novembre 2006, douze des trente-neuf hommes qui cherchaient des femmes ont écrit qu'ils étaient grands et élégants, grands et distingués, ou grands et avec une bonne situation. Grand, voilà ce qui compte.

Tout récemment encore, les hommes petits étaient désavantagés par rapport aux autres. Rien n'est plus ridicule qu'un homme avec des talons hauts. Aujourd'hui, cependant, des progrès dans la conception des chaussures changent la donne. Sur Internet, vous pouvez acheter des chaussures à semelles intérieures compensées. Personne ne s'apercevra qu'elles vous surélèvent. Vous marcherez sur la pointe des pieds, et vous serez plus haut de huit à dix centimètres. Autrement, appliquez-vous au moins à vous tenir bien droit.

Lorsqu'elle entre dans une salle, une personne qui a de l'assurance regarde autour d'elle pour évaluer la situation (figure 3.1, p. 59). Si elle est habituée aux relations sociales, elle marquera une pause brève et ira dans une direction déterminée. Elle saura se joindre à un groupe de façon tout à fait naturelle.

La pause initiale sert à décider dans quel groupe on désire s'insérer. Une fois la décision prise, vous ne devez pas montrer d'hésitation. Trouvez un espace libre entre les personnes que vous rejoignez. En l'absence d'espace, positionnez-vous à proximité immédiate, de manière à pouvoir progressivement vous introduire dans le cercle. Vous pouvez vous y prendre de deux manières :

1. Sans dire un mot, avancez une épaule puis le pied (figure 3.2).
2. Annoncez votre présence par quelques mots : il faudrait que ces personnes soient vraiment grossières pour vous rejeter.

Figure 3.2 – Comment vous introduire dans une conversation

Vous aurez bien plus de difficulté à vous introduire dans un groupe si votre posture dénote un manque de confiance en vous. En effet, vous ne saurez pas jouer des épaules et des pieds avec autant de facilité pour entrer dans le cercle.

> ### *Conseil*
>
> Si vous n'êtes pas sûr de bien savoir comment vous y prendre, vous pouvez vous exercer avec un ou deux amis : la technique est assez subtile.

Dans les études publiées sur ce sujet, la conclusion la plus convaincante est simple et ne surprend pas. Celui qui se tient debout paraît dominer davantage que celui qui est assis. C'est une question de hauteur. Cependant, la façon de s'asseoir compte aussi.

Sur la figure ci-dessous, on voit un homme assis recroquevillé et qui semble n'accorder d'attention à personne. Sa posture indique un manque de confiance en soi ou une humeur morose.

Figure 3.3 – Une posture indiquant un manque de confiance en soi

Il arrive aussi que la posture d'un individu montre qu'il est trop sûr de lui. Un homme qui pose son pied sur son bureau a très probablement un ego surdimensionné et doit être très possessif sur son territoire. Une telle posture équivaut à dire : « Tout cela est à moi et je me moque de savoir ce que vous en pensez. » Ne faites pas ce genre de chose et soyez sur vos gardes dès que quelqu'un se conduit ainsi, y compris s'il fait le geste, à peine moins offensif, de passer sa jambe par-dessus une chaise ou un fauteuil tout en conversant avec vous.

Pour vérifier que votre posture est bonne, faites le test du miroir avec un esprit critique aiguisé.

Exercice – Le test du miroir

Mettez-vous en sous-vêtements et tenez-vous debout devant une grande glace.

- Respirez profondément. Fermez les yeux. Comptez jusqu'à dix. Rouvrez les yeux.
- Concentrez-vous sur l'image que le miroir vous renvoie.
- Pour commencer, voyez si vous vous tenez droit. Tournez-vous, et inspectez votre profil. C'est la meilleure position pour en juger.
- Contrôlez l'inclinaison de votre tête. Avez-vous un port altier, ou votre tête tombe-t-elle sur vos épaules ? Si elle a tendance à tomber, étirez-la en arrière jusqu'à ce qu'elle soit bien droite.
- Un test comme on en pratique dans les écoles de danse : posez un livre sur votre tête. Tombe-t-il ou pouvez-vous le garder en équilibre ? S'il tient, avancez de deux pas, puis de cinq, en faisant en sorte qu'il ne tombe pas.

Conseils

Si vous êtes en couple, vous pouvez vous observer mutuellement. Faites un concours à qui gardera le livre en équilibre sur sa tête le plus longtemps.

Ne faites pas cet exercice avec un objet lourd. Une de mes amies a essayé un jour de garder un seau d'eau sur sa tête : elle venait de voir un film sur les femmes africaines, qui ont cette habitude. Elle s'est abîmé le dos et il lui a fallu neuf mois de physiothérapie pour s'en remettre. Un livre, rien d'autre.

L'aisance sociale mise en évidence par Zajonc (1979) est liée à la posture. Celui qui se tient avachi donne l'image d'une personne manquant de confiance en elle. Les gens déprimés s'avachissent davantage que les autres. Si vous vous tenez bien droit, non seulement vous ferez meilleure impression, mais vous vous sentirez mieux dans votre peau. En 2005, Brian Adliss, auteur de science-fiction, avait été invité par le *Times* à publier un article à l'occasion de son 80e anniversaire. Il avait écrit qu'il s'appliquait toujours à se tenir droit quand il allait faire ses courses, car ainsi il était de meilleure humeur.

Parfois aussi, un homme ou une femme peut augmenter sa taille grâce à sa coiffure.

Soignez votre chef pour être le chef

Chez les mammifères, de façon générale, un beau pelage est le signe d'un statut élevé, d'une bonne santé et d'un soin continu. De même que les oiseaux se lissent les plumes et que les lions hérissent leur crinière, les humains soignent leur coiffure pour paraître en société.

Il en est ainsi depuis des millénaires. Dans le royaume de la Moyenne-Égypte, les femmes de l'aristocratie prisaient les énormes perruques. Elles nouaient leurs tresses à des rubans d'argent ou de lin, qu'elles paraient de bijoux. En France, la reine Marie-Antoinette portait une perruque monumentale. Les coiffures des punks sont moins volumineuses, mais elles en imposent par leur forme et leurs couleurs.

Les psychologues ont constaté que les femmes marquaient les changements intervenant dans leur style de vie et dans leur carrière par un changement de coiffure. C'est ce que souligne Grant McCracken dans un livre publié en 1997, *Big Hair : A Journey into the Transformation of Self*. Votre chevelure révèle aussi certains aspects de votre personnalité, comme l'indique une étude effectuée par Marianne LaFrance, de Yale, pour Procter & Gamble en 2000. Marianne LaFrance a constaté qu'aux États-Unis tout au moins, le style de coiffure jouait un rôle important lors de la première impression. Une femme avec des cheveux courts et ébouriffés est perçue comme ayant confiance en elle-même et dotée d'une personnalité hors du commun, mais pas comme sexy. Une coupe mi-longue ordinaire est un signe d'intelligence et de bonne nature. Une chevelure longue, raide et blonde est associée à la sexualité et à l'abondance. Si la chevelure est clairsemée et terne, c'est un signe de dépression.

> ***Conseil***
>
> Si vous vous sentez déprimé(e), allez chez le coiffeur et chez la manucure.

Pour maîtriser votre première impression, le prochain élément à étudier est la façon dont vous saluez ou accueillez quelqu'un.

Salutations, poignées de main et embrassades

Observez les gens qui se rencontrent en société : l'hôte et l'invité, une fois qu'ils se sont embrassés, reculent et au moins l'un des deux détourne le regard. C'est ce que l'anthropologue Adam Kendon (1994) appelle le seuil limite. Pour Kendon comme pour F. Davis, c'est un moyen de maintenir un équilibre : « Toute relation, à l'exception d'une relation toute nouvelle, comporte son propre niveau particulier d'intimité, et si une salutation revêt un caractère plus intime que ce que la relation justifie, un certain seuil limite est ensuite nécessaire pour que tout rentre dans l'ordre. » (Davis, 1971: 46)

Il existe une théorie selon laquelle les premiers hommes à s'être serré la main auraient été les tribus du Yémen, à la pointe sud de la péninsule arabique. Avec l'expansion de l'islam, cette pratique s'est répandue. Cependant, dans l'Épître aux Galates, saint Paul raconte que lorsqu'il a rencontré Jacques, Cephas (Pierre) et Jean à Jérusalem, chacun lui a donné « la main droite de l'amitié ». Si le Nouveau Testament a raison en matière de langage du corps, cela laisse penser que les Romains comme les Grecs se serraient la main bien avant les débuts de l'islam.

Selon une autre théorie, les hommes se serraient la main pour montrer qu'ils ne portaient pas d'arme. Au Moyen Âge, quand les chevaliers ne cessaient de guerroyer, tendre une main ouverte était le signe que l'on venait avec des intentions pacifiques.

Figure 3.4 – Deux chevaliers qui se serrent la main

Toujours est-il que la poignée de main semble être passée de mode vers 1660. Samuel Pepys, dans son fameux journal, écrivait le 15 février 1662 : « Avec les deux messieurs Williams à la Trinity-House ; et là, en leur compagnie, discussion de l'affaire de la maison de Sir Nicholas Crisp à Deptford. Ensuite, dîner, et après dîner j'ai été intronisé Petit Frère ; Sir W. Rider étant l'adjoint du Maître pour mon Lord de Sandwich ; et après que j'ai été intronisé, tous les Grands Frères m'ont serré la main : c'est leur coutume, semble-t-il. »

Si c'était « leur coutume, semble-t-il », on peut en déduire que la poignée de main ne devait pas être une pratique si courante à l'époque.

Les Quakers ont aussi adopté la poignée de main vers 1660, estimant que c'était une gestuelle plus égalitaire et moins surchargée que les courbettes et les salamalecs alors en usage. Le deuxième président des États-Unis, Thomas Jefferson, entré à la Maison Blanche en 1797, allait encourager les poignées de main pour la même raison.

La bonne poignée de main

Aujourd'hui, de Tokyo à Toronto, la poignée de main est devenue un geste universel. Les Japonais se saluaient en s'inclinant, mais ils échangent maintenant plus souvent des poignées de main car ils s'occidentalisent de plus en plus. Cependant, se serrer la main n'est pas aussi simple qu'on pourrait le croire. Une poignée de main maladroite est le signe d'un problème de personnalité.

Selon Caudillo (2002), qui a consacré sa vie à étudier la poignée de main, une poignée de main molle donne l'image d'une personne manquant d'assurance et peu digne de confiance. Au contraire, une poignée de main ferme (figure 3.5a, en page suivante) suggère une personnalité plus extravertie, plus ouverte aux nouvelles expériences, plus consciencieuse et plus agréable. Les femmes qui serrent la main avec fermeté réussissent mieux aux tests d'intelligence.

Caudillo souligne, par exemple, qu'une infirmière devrait savoir serrer la main comme il faut, aussi bien pour rassurer le patient que pour affirmer son propre statut professionnel. Une bonne poignée de main suppose aussi que l'on regarde la personne dans les yeux, pendant un temps ni trop court ni trop long.

Exercice – Analysez vos impressions
Notez ce que vous trouvez déstabilisant quand vous échangez une poignée de main.

Au cours d'une poignée de main, la position de la main est très révélatrice du statut de la personne. Sur la figure 3.5b, l'une des deux mains plaque l'autre. C'est une position de domination. Sur la figure 3.5c, l'un des deux partenaires expose la paume, c'est-à-dire la partie « vulnérable » de sa main.

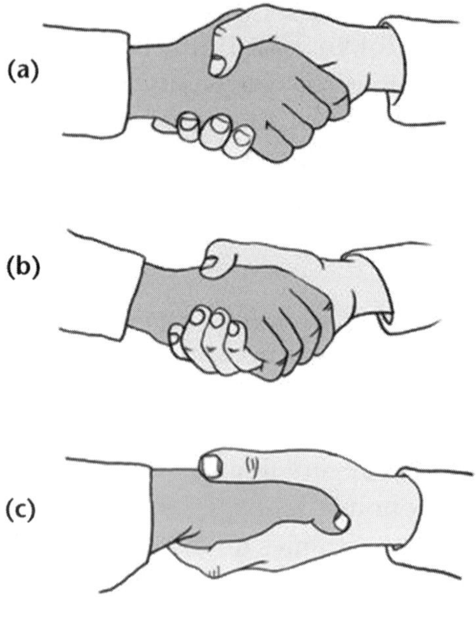

Figure 3.5 – Différentes poignées de main

Le salut nazi, de sinistre mémoire, se faisait paume vers le sol, ce qui était révélateur d'une obsession du pouvoir et du contrôle. À l'opposé, nous avons Roderick Spode, l'apprenti dictateur burlesque inventé par l'humoriste anglais P. G. Wodehouse.

Spode ne parvient pas du tout à s'imposer comme chef. De quelle façon salue-t-il ? En brandissant sa paume vers le ciel. Or, quiconque veut donner l'image d'un homme fort ne doit pas tenir sa main dans une telle position, car il est alors facile de le rembarrer.

Un aspect intéressant des « high fives » est que les deux partenaires gardent la main verticale, si bien qu'aucun des deux ne domine symboliquement l'autre.

Il existe d'autres pièges à éviter. Caudillo (2002) met en garde contre la poignée à deux mains : utiliser l'autre main pour recouvrir la main qui est fermée sur celle du partenaire peut être interprété positivement, comme un signe d'amitié, mais aussi comme un geste maternel, et plus négativement, comme une volonté de contrôler ou comme un geste trop intime. Une exception à cette règle se produit lorsque les deux personnes qui se serrent la main ont un statut hiérarchique très différent. Bill Clinton était connu pour serrer des deux mains la main de son interlocuteur, un geste perçu comme le signe que les gens « ordinaires » comptaient pour lui. Un tel contact physique avec le président des États-Unis était flatteur. Cependant, une personne « normale » qui poserait sa seconde main sur l'avant-bras ou sur l'épaule de celui ou celle qu'elle salue donnerait à celle-ci l'impression qu'elle envahit son espace. Cela peut être mal ressenti.

Détail amusant, à ceux qui ont tendance à avoir les mains moites, Caudillo conseille de veiller à garder sur eux un mouchoir pour s'essuyer la paume juste avant d'échanger des poignées de main.

La question de savoir combien de temps doit durer la poignée de main a aussi fait l'objet d'études. Si vous relâchez trop vite la main de la personne, c'est comme si sa main vous répugnait. Si, au contraire, vous insistez trop longtemps, vous lui donnez l'impression d'envahir son espace. D'après Caudillo, une poignée de main parfaite doit durer 2,7 secondes.

Les salutations et la personnalité

Vos mouvements donnent aussi une idée de votre personnalité. Ceux dont les mouvements sont vifs et volontaires sont perçus comme plus dominants, de même que ceux qui gesticulent davantage, ceux qui vous regardent souvent dans les yeux et ceux dont le visage est animé (voir le tableau ci-dessous).

Les différences entre individus dominants et soumis

Individu dominant	Individu faible
Fait des mouvements affirmés	Porte davantage de vêtements !
Accentue ses mouvements	Fait de petits gestes
Vous regarde dans les yeux	Fait plutôt des mouvements des mains et des pieds
A un visage animé	Montre peu ses émotions

Les femmes soumises ont aussi tendance à conserver plus longtemps la même posture, tandis que les femmes qui bougent davantage sont perçues comme dominantes.

Exercice – Perfectionnez votre poignée de main

Mesurez la durée de vos poignées de main. Si vous vous apercevez qu'elles sont trop brèves, c'est peut-être le reflet de votre anxiété. Entraînez-vous jusqu'à ce que vos poignées de main durent à peu près 2,7 secondes.

Ensuite, si vous voulez paraître plus fort, exercez-vous pour acquérir une gestuelle plus théâtrale. Vous pouvez par exemple avancer légèrement une jambe puis la mettre en retrait. Sachez toutefois que selon la police, les suspects sous tension ont justement tendance à se trémousser de cette manière quand ils sont coupables.

Cependant, la personnalité n'est pas seulement liée à la façon dont vous serrez les mains. Un psychologue britannique, Hans Eysenck (1973), a caractérisé un phénomène général d'introversion-extraversion. On lui doit l'inventaire de personnalité qui porte son nom, et qui comporte entre autres les questions suivantes :

- Aimez-vous vous rendre à des soirées ?
- Vous arrive-t-il de vous sentir déprimé sans raison apparente ?
- Êtes-vous généralement la personne qui établit en premier le contact avec l'autre ?

Depuis une quarantaine d'années, l'inventaire de personnalité d'Eysenck a fait la preuve de sa fiabilité. Bien souvent, nous pouvons être caractérisés comme introvertis ou extravertis. Une personne introvertie est plus timide et plus anxieuse : elle est moins à l'aise dans le contact physique et n'est donc pas portée à donner de grandes tapes dans le dos des autres.

Si vous êtes introverti, on peut présumer ce qui suit :

1. Vous ne tendrez généralement pas la main le premier.
2. Vous n'empêcherez pas l'autre de placer la paume de sa main sur votre main.
3. Vous serez le premier à retirer votre main car ce contact vous paraîtra trop envahissant.
4. Vous vous demanderez si vous lui avez serré la main avec assez de fermeté.

Au contraire, une personne extravertie n'éprouvera pas ce genre de doute. Elle aura plutôt tendance à secouer la main de son interlocuteur et à ne la relâcher que bien après les 2,7 secondes préconisées par Caudillo.

Exercice – De quelle nature êtes-vous ?

Pour savoir si vous êtes une nature introvertie ou extravertie, lisez les 16 questions qui suivent et cochez, à chaque fois, la réponse qui vous correspond le mieux.

Questions

1. Vous sentez-vous bien lorsque vous êtes impliqué dans un projet où il faut agir rapidement ?
   Oui ❑ Possible ❑ Non ❑

2. Quand vous montez des escaliers, avez-vous tendance à sauter une marche sur deux ?
   Oui ❑ Possible ❑ Non ❑

3. Avez-vous tendance à manger rapidement au point de finir votre repas avant les autres ?
   Oui ❑ Possible ❑ Non ❑

4. Au volant, êtes-vous exaspéré par les embouteillages ? Oui ❑ Possible ❑ Non ❑

5. Aimez-vous vous lancer dans de nouvelles activités de loisirs ? Oui ❑ Possible ❑ Non ❑

6. On vous présente un nouveau projet. Avez-vous tendance à détester vous en occuper parce que c'est nouveau ? Oui ❑ Possible ❑ Non ❑

7. Quand vous marchez accompagné, les autres ont-ils souvent des difficultés à s'adapter à votre rythme ?
   Oui ❑ Possible ❑ Non ❑

8. Avez-vous tendance à passer rapidement d'une activité à une autre sans prendre le temps de vous détendre ?
Oui ❑ Possible ❑ Non ❑

9. Avez-vous souvent l'impression que vous n'avez pas le courage ou la volonté d'agir ?
Oui ❑ Possible ❑ Non ❑

10. Quand vous devez rencontrer de nouvelles personnes, appréhendez-vous les rituels de présentation ?
Oui ❑ Possible ❑ Non ❑

11. Passez-vous des vacances horribles quand vous devez chaque jour aller admirer un panorama ou un monument « à ne pas manquer » ?
Oui ❑ Possible ❑ Non ❑

12. Avez-vous le sentiment d'être souvent anxieux sans raison ? Oui ❑ Possible ❑ Non ❑

13. Le matin, vous réveillez-vous généralement frais, dispos et impatient de sortir ?
Oui ❑ Possible ❑ Non ❑

14. Les autres vous paraissent-ils plus expansifs que vous ne l'êtes ? Oui ❑ Possible ❑ Non ❑

15. Si oui, cela vous pose-t-il un problème ?
Oui ❑ Possible ❑ Non ❑

16. Quand vous attendez quelqu'un, êtes-vous agité ?
Oui ❑ Parfois ❑ Non ❑

Réponses

Les extravertis répondront « oui » aux questions 1, 2, 3, 4, 5, 7, 8 et 13.

Les introvertis répondront « oui » aux questions 6, 9, 10, 11, 12, 14, 15 et 16.

- Pour les questions 1, 2, 3, 4, 5, 7, 8 et 13, comptez deux points pour chaque « oui » et un point pour chaque « peut-être ».
- Pour les questions 6, 9, 10, 11, 12, 14, 15 et 16, comptez deux points pour chaque « oui » et un point pour chaque « peut-être ».
- Le score le plus élevé pour un extraverti est 16.
- Le score le plus élevé pour un introverti est 16 également.
- Au-dessus de 10, vous êtes très extraverti ou très introverti.
- Entre 6 et 10, vous êtes entre les deux.
- Entre 0 et 6, ce test n'est pas très concluant pour vous.
- Obtenir un score élevé pour les deux séries de questions à la fois est improbable mais pas impossible. Si c'est votre cas, vous êtes expansif et vous débordez d'assurance, mais vous vous en inquiétez. Votre langage corporel passe peut-être d'un extrême à l'autre, et il serait bon que vous appreniez à vous détendre et à lever le pied.

Le baiser et les normes sociales

Dans les milieux aristocratiques, les hommes embrassaient les doigts des femmes. Aujourd'hui, cependant, il est d'usage de se faire la bise entre hommes et femmes et entre femmes, surtout dans les classes moyennes. Ce ne sont pas des baisers passionnés, mais plutôt des baisers aériens, surtout en Grande-Bretagne où le contact physique reste rare. Parfois, les lèvres ne font qu'effleurer la joue.

Le baiser entre hommes et femmes fait partie des normes sociales depuis les années 1920, l'époque du jazz et des grands orchestres de danse. Dans les milieux conservateurs, on craignait alors que cette pratique dégénère en orgies, d'où la généralisation d'un simulacre de baiser. Poser un instant ses lèvres sur la joue d'une personne est une marque d'intimité, mais cela n'a rien de sexuel, du moins en théorie.

En septembre 2006, dans le *Boston Globe*, Daniel Akst écrivait cependant : « Saluer d'un baiser est certainement plus dangereux que serrer la main, et tout ce bécotage d'une joue à l'autre a vite fait de devenir terriblement gênant. »

Il ajoutait : « Je ressors de ces dîners avec le sentiment incommode d'avoir mal géré la situation ou d'avoir été humilié. Toute cette négociation complexe est un triple Lutz social pour les hommes comme pour les femmes et est la métaphore parfaite de cette danse exquise de la maîtrise de soi que chacun de nous doit effectuer dans notre société désespérément mixte, pluriethnique et hypersensible. En d'autres termes, c'est une épreuve. »

Si Akst déteste ainsi les baisers sociaux, je soupçonne que c'est en partie parce qu'il est très introverti.

Pour celui qui pratique le baiser social, la difficulté consiste à faire la preuve qu'on peut être proches sans être intimes. Après tout, ces embrassades ont bien lieu en public, et non pas dans une chambre à coucher. Selon Akst, « cela reflète le besoin de paraître naturel et sans contrainte à tout moment, même si, bien sûr, cette absence de contrainte est elle-même complètement contrainte (raison pour laquelle on pratique le baiser social plutôt que la caresse sociale) ».

Pour Akst, le baiser social est « une soupape de sécurité », et de façon peut-être plus emphatique, « une infidélité régulée : un peu comme le *bundling* chez les puritains, sauf qu'il s'agit de s'immuniser contre le batifolage plutôt que le promouvoir ». Le *bundling* était une pratique adoptée par les puritains, chez qui les jeunes gens non mariés pouvaient passer la nuit dans le même lit mais n'étaient pas censés se toucher : ils se retrouvaient dans l'intimité mais ne devaient rien faire d'intime car la Bible l'interdisait.

Selon Akst, « L'être humain n'a pas été fait pour passer autant de temps en compagnie de membres du sexe opposé qui ne sont pas son conjoint, qui se pomponnent avant de venir au bureau et avec qui se crée inévitablement une certaine intimité. Les gens ont besoin d'un système socialement acceptable leur permettant de développer une immunité les uns vis-à-vis des autres. »

Le baiser social joue ce rôle car il comporte des règles strictes. Dans notre société, quand nous rencontrons des personnes de l'autre sexe, nous sommes généralement confrontés à un maximum de tentations et d'opportunités. Il nous faut donc des limites, et c'est ce que garantissent les baisers sociaux.

Quand vous embrassez quelqu'un par amour, vous le regardez dans les yeux. Quand vous saluez quelqu'un d'un baiser social, c'est généralement son oreille que vous avez devant les yeux.

Figure 3.6 – Un baiser social

Conseils à l'usage des néophytes

Il est sage de suivre les règles suivantes si vous n'avez pas l'habitude de faire la bise :

1. N'embrassez pas sur les lèvres.
2. Le baiser doit être rapide. Un baiser sur la joue qui dure plus d'une seconde et demie laisse penser que l'une des deux personnes, au moins, a quelque chose de plus intime en tête.
3. Ne vous penchez pas sur le corps de l'autre personne, comme vous le feriez pour embrasser quelqu'un que vous aimez.
4. Ne passez pas les bras autour de la personne que vous embrassez. Ce serait trop.
5. Ne l'embrassez pas sur le nez, car ce serait trop joueur et trop intime.
6. Si vous voulez embrasser sans contact, n'allez pas lui mordiller l'oreille !

À présent, vous pouvez pratiquer le baiser social avec qui vous voulez !

Le langage du corps dans les gangs

Des études sur le langage du corps mettent en évidence des différences entre les cultures, comme on le verra au chapitre 11, mais aussi entre sous-cultures particulières.

Dans certains groupes sociaux, rester droit comme un « i » n'est pas un moyen de montrer que vous avez de l'assurance. Ainsi, à Peckham, et même à Moscou, les gangs ne sont pas réputés pour leur posture militaire, mais plutôt pour leur langage corporel et leurs propres rituels pour s'imposer.

Dans le chapitre suivant, nous allons étudier l'espace individuel et la façon dont nous pouvons utiliser le langage du corps pour le définir et pour le défendre.

4

L'espace individuel et le contact physique

Au cours d'une soirée, Jérôme a un peu trop bu et s'est mis en tête de vous expliquer comment tourne le monde. Pour s'assurer que vous ne manquerez pas une syllabe de ce qu'il va vous dire, il se colle juste devant vous et se penche sur votre visage. Je suis certain que vous voyez très bien de quoi je parle.

Quand un homme approche ainsi son visage du vôtre, vous « saute au visage », il s'agit généralement d'une posture agressive (voir en page suivante).

Figure 4.1 – « Sauter au visage »

L'espace individuel est l'espace invisible qui nous entoure : c'est le centre même de notre territoire. Nous éprouvons le besoin d'en limiter l'accès aux autres mais, si quelqu'un y pénètre, ce n'est pas nécessairement désagréable.

Un des grands clichés du cinéma est le rapprochement des visages avant le premier baiser sur la bouche. Dans le film *Le Président et Miss Wade*, Michael Douglas incarne un président veuf qui invite à dîner une lobbyiste (Annette Bening). À mesure qu'ils détaillent la vaisselle de la Maison blanche, il se rapproche d'elle.

Elle se rapproche de lui.

Leurs espaces individuels se touchent.

Leurs mouvements sont timides, mais leurs hormones sont en ébullition.

Puis leurs visages et leurs lèvres se rapprochent. L'espace individuel de chacun disparaît au moment où ils s'embrassent… et c'est à ce moment qu'un assistant les interrompt : on a besoin du Président en cellule de crise pour décider s'il faut ou non bombarder la Libye.

Leur histoire d'amour finit cependant par reprendre. L'étude image par image des secondes précédant le baiser montre clairement la manière dont nous pouvons laisser quelqu'un entrer dans l'espace individuel que nous avons l'habitude de protéger.

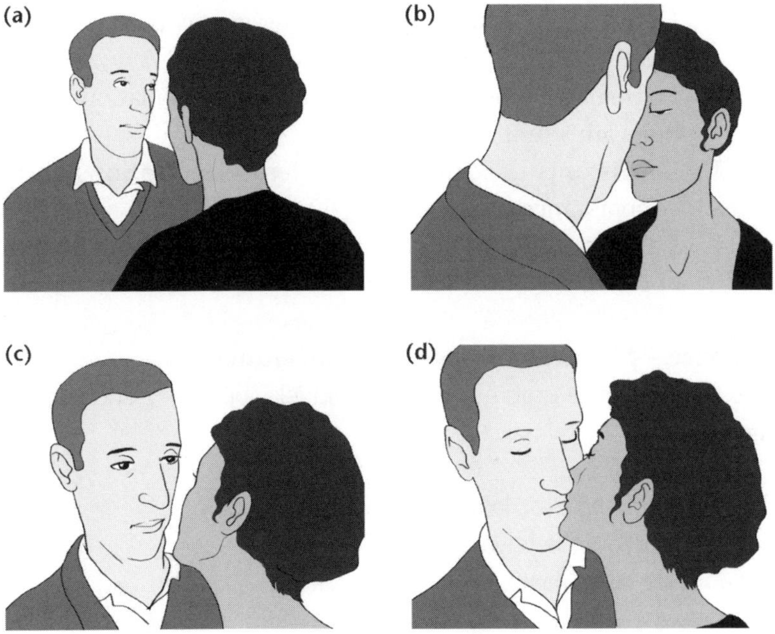

Figure 4.2 – Le baiser, image par image

L'étendue de l'espace individuel

Les psychologues se sont efforcés de mesurer l'espace individuel ou « bulle » que nous créons autour de nous. Selon la meilleure estimation, qui n'est qu'une estimation, l'espace physique individuel de l'Occidental moyen s'étend sur environ 60 cm de chaque côté, 70 cm devant et 40 cm derrière. L'espace considéré comme confortable dépend de la personnalité, mais plus encore de la culture.

Selon certains chercheurs, il conviendrait de distinguer quatre sortes d'espace individuel :

1. La distance « intime » pour embrasser et chuchoter (entre 15 et 45 cm).
2. La distance « personnelle » pour les conversations entre bons amis (entre 45 et 120 cm).
3. La distance « sociale » pour les conversations entre connaissances (entre 120 et 360 cm).
4. La distance « publique » pour parler en public (360 cm et plus).

Exercice – Mesurez votre espace individuel

Pour étudier votre propre espace individuel, approchez successivement :

- un bon ami,
- la personne avec laquelle vous êtes en couple,
- un collègue de travail,
- un de vos enfants.

Notez les différences de distance, et surtout, à quel moment vous commencez à être gêné par la proximité.

Cet exercice peut aussi devenir un jeu amusant au cours d'une soirée.

Les limites de votre espace individuel dépendent de la culture dans laquelle vous vivez, mais aussi des circonstances.

Il m'arrive souvent de prendre le métro à Londres aux heures d'affluence, au moment où les gens se retrouvent serrés les uns contre les autres alors qu'ils ne se connaissent pas. Une telle proximité n'aurait normalement lieu que dans une situation intime. Obligés d'être aussi serrés, nous utilisons des signaux conscients et inconscients pour ne pas oublier, et pour que les autres n'oublient pas, qu'il ne s'agit pas d'une proximité véritable. Il y a fort à parier que la situation dans le métro est la même à Paris, à Moscou, à New York ou à Tokyo.

Figure 4.3 – Des signaux pour maintenir la distance

Des signaux pour maintenir une distance malgré la proximité

- Faire pivoter le corps pour ne pas être face à la personne est un moyen de s'accommoder d'une telle proximité. Ainsi, cette proximité, bien que physiquement très grande, est moins directe.

- Éviter le contact visuel est un autre signal de « maintien à distance ». Un regard inexpressif qui n'est dirigé vers personne signifie très clairement que vous n'invitez pas les gens à vous approcher. Dans une telle situation, les yeux peuvent même partir dans le vague.
- Éviter de parler est également un signal : la personne peut voir parfaitement vos yeux, vos cheveux et même, parfois, vos pellicules, mais vous ne lui parlez pas.
- Quatrième signal, la façon dont les passagers évitent tout contact physique même lorsque deux ou trois centimètres seulement les séparent. Cela nécessite parfois quelques contorsions.

En cas de contact physique accidentel, les gens s'excusent généralement en prononçant un simple mot, par exemple « désolé ». La tension provoquée par une telle proximité devient évidente en cas de secousse, quand les gens se rentrent les uns dans les autres alors qu'ils faisaient tout pour éviter de se toucher. Il y a alors des rires nerveux, qui leur permettent à la fois de se détendre et de signifier que ce contact est une erreur. Les enfants éclatent souvent de rire quand ils viennent de faire une erreur, mais comme leur langage corporel n'est pas aussi affirmé, ils ont tendance à dire quelque chose comme : « Oh ! Je n'aurais pas dû faire ça. »

D'après certains psychologues, les passagers du métro se verraient non pas comme des individus mais comme des objets inanimés. Ce serait là le seul moyen d'éviter les anicroches et les folles frictions entre Odéon et Montparnasse. Je trouve cela un peu exagéré. Les gens savent parfaitement que les autres « sardines » sont leurs semblables, et ils comprennent bien que cette grande proximité physique involontaire résulte du trafic métropolitain.

Cependant, là encore, la personnalité de chacun joue son rôle. Les extravertis auront généralement moins d'inhibitions et moins de scrupules à envahir l'espace des autres. Les introvertis seront davantage gênés de laisser quelqu'un pénétrer leur espace individuel, surtout qu'ils ont besoin d'un espace plus grand. Une personne qui semble austère et distante aura sans doute également besoin de davantage d'espace.

D'après un test de personnalité réputé, le Myers-Briggs Type Indicator, il existerait même un type de personnalité – le type « je n'atteindrai jamais la perfection » – pour lequel davantage d'espace individuel serait nécessaire que pour les autres. Les individus ayant ce type de personnalité sont très sensibles et détestent les conflits, raison pour laquelle ils supportent très mal que l'on envahisse leur espace individuel.

Espace individuel et territoire

Un changement de distance entre deux personnes peut aussi être le signe d'une domination accrue ou diminuée. Si je m'approche de vous pour insister sur un certain sujet, c'est souvent pour vous dire quelque chose que vous n'avez pas envie d'entendre.

Les policiers qui procèdent à des interrogatoires savent pertinemment que cette « violation » de l'espace individuel est ce qui leur permet d'augmenter leur pression sur les suspects ou sur les témoins. Les inspecteurs placent les personnes qu'ils interrogent dans un espace réduit. En faisant en sorte que l'espace individuel de la personne interrogée soit envahi, l'inspecteur se retrouve en position de force. Dans un film que j'ai réalisé pour Channel 4, *The False Confessions File* (1990), des suspects expliquent qu'ils se sont sentis sous pression quand les policiers ont envahi leur espace.

La notion d'espace individuel est liée à celle du territoire. Les êtres humains ne marquent pas leur territoire en urinant comme le font certaines espèces, mais le principe est assez semblable. Certains sont plus attachés que d'autres à leur territoire, mais le défendre est très humain. C'est un trait hérité de nos ancêtres animaux, et qui se manifeste dans les salles de cours, dans les avions comme dans nos propres foyers. Dans une salle de cours, les étudiants reprennent généralement les mêmes places qu'au cours précédent. Dans un train, dans un avion ou dans une salle de cinéma, les gens s'efforcent de faire en sorte que le siège d'à côté reste vide, en y posant leur manteau ou leur bagage.

Souvent, un adolescent considérera sa chambre comme un territoire privé, dont il interdira l'accès à ses parents. Chez un particulier, il y a souvent un endroit sacré, qui peut être le bureau ou le jardin. Il n'existe pas d'études sérieuses permettant de savoir si les hommes sont plus attachés à leur territoire que les femmes, mais il m'est arrivé de fréquenter une femme qui ne me permettait pas de pénétrer dans la pièce où elle s'habillait et se maquillait, sous peine d'une sanction terrible.

L'exercice suivant ne vous révélera peut-être pas les aspects les plus flatteurs de votre personnalité, mais tâchez de répondre en toute honnêteté.

Exercice – Comment défendez-vous votre territoire ?

Vous reconnaissez-vous dans certaines des propositions suivantes ? Répondez en utilisant une échelle de 1 à 5 :

1 = Absolument faux
2 = Rarement vrai
3 = Parfois vrai
4 = Très souvent vrai
5 = Toujours vrai

Questions

1. J'aime que ma maison soit nette et bien rangée.
2. Quand je ne retrouve pas un objet, je pense toujours que c'est mon conjoint ou un de mes enfants qui l'a déplacé ou égaré.
3. Voir quelqu'un s'asseoir sur le fauteuil préféré de ma mère (ou une autre personne proche décédée) me rend nerveux, car je trouve que personne ne devrait toucher à un objet qui lui a appartenu.

4. Je serai toujours prêt à partager une brosse à dents avec la personne que j'aime.
5. Je déteste voir mes voisins tailler les arbres dont les branches redescendent sur mon jardin.
6. Un des plus grands avantages de mon nouveau travail est que j'ai mon propre emplacement de parking.
7. Je n'ai pas l'impression d'être observé. Il faudrait vraiment être paranoïaque.
8. À la plage, je choisis la zone en bordure des rochers, là où on peut être un peu à l'écart.
9. Au travail, si quelqu'un s'avance jusque derrière mon bureau, cela ne me dérange pas vraiment.
10. Je préfère dormir toujours du même côté du lit.
11. Quand nous sortons en couple, nous choisissons qui ne boit pas pour conduire au retour ; cela m'est égal si c'est elle qui prend le volant.
12. Si je fais des courses avec mon conjoint, cela me contrarie qu'il veuille pousser le Caddie.
13. Chez moi, j'ai mes espaces réservés et personne ne doit y pénétrer.
14. J'aime laisser quelqu'un d'autre choisir la décoration de ma maison (le papier peint, etc.).
15. Si quelqu'un tente de pénétrer dans mon espace privé, cela m'atteint immédiatement.

Réponses

Tout d'abord, additionnez vos scores pour les questions 1, 2, 3, 5, 6, 8, 9, 10, 12, 13 et 15 (laissez de côté les questions 4, 7, 11 et 14 pour le moment). Ce total peut atteindre 55.

- Entre 40 et 55, vous êtes très à cheval sur votre territoire.
- Entre 25 et 40, vous tenez raisonnablement à votre territoire.
- Au-dessous de 25, vous êtes très large d'esprit et vous vous souciez peu de ce qui vous appartient.

Les réponses des questions 4, 7, 11 et 14 suivent une logique inverse : l'exercice est conçu pour obliger le lecteur à rester attentif jusqu'au bout. Un 5 attribué à la question 14, par exemple, signifierait que vous ne faites pas grand cas de votre territoire. Un score de 20 pour l'ensemble de ces quatre questions signifierait que vous n'attachez aucune importance au territoire. Un faible score signifierait le contraire.

Essayez de vous rappeler si vous vous êtes récemment disputé sérieusement avec quelqu'un parce que vous considériez qu'il pénétrait dans votre espace. Quel était l'élément déclencheur ?

L'invasion de l'espace individuel

Notre sens de l'espace individuel étant en partie conscient et en partie inconscient, nous utilisons toutes sortes de signaux corporels pour indiquer si nous voulons ou pas que quelqu'un franchisse la frontière de notre propre espace.

Les signes invitant autrui à pénétrer dans votre espace

- De petits mouvements du corps allant dans le sens de l'ouverture.
- Un petit mouvement du visage pour regarder vraiment la personne dans les yeux.
- Un rapprochement physique.
- Le fait de passer d'une position de fermeture (figure 4.4a) à une position d'ouverture (figure 4.4b).

Il est bon de savoir aussi reconnaître les signes indiquant une disposition inverse.

Figure 4.4 – « Entrez dans mon espace »

Les signes invitant autrui à ne pas pénétrer dans votre espace

- Lui tourner le dos.
- Croiser les bras (figure 4.5 en page suivante).
- Faire un mouvement d'éloignement.
- Avancer le coude vers l'autre personne tel un bouclier.
- Passer le bras devant le visage.

D'après une étude, lorsque nous avons le sentiment que notre espace est envahi, nous avons aussi tendance à nous frotter le visage. Le problème de l'espace individuel est très lié à celui du contact physique.

Figure 4.5 – « N'entrez pas dans mon espace »

Le contact physique

Nous sommes des êtres capables d'éprouver la douleur autant que le plaisir, et notre capacité émotionnelle se développe au cours de notre croissance. Une raison pour laquelle nous sommes si sensibles au contact physique est que la peau est l'organe du corps humain le plus étendu. À votre avis, quel est son poids ?

Réponse : la peau représente 15 % de notre masse corporelle. La peau d'un adulte moyen couvre entre 1,5 et 2 m^2, et son épaisseur est généralement comprise entre 2 et 3 mm. Sur une surface de peau de 2,5 cm^2, on compte en moyenne 650 glandes sudorales, 20 vaisseaux sanguins et plus de 1 000 terminaisons nerveuses, ou récepteurs de contact. Ces récepteurs réagissent à la pression – ce qu'est fondamentalement le toucher, et plus généralement le contact physique – et envoient des messages au cerveau. Pour simplifier, ces signaux « disent » au cerveau si le contact en question est agréable, désagréable ou neutre.

La plupart d'entre nous ont déjà connu cette sensation de frisson ou de picotement provoquée par une réaction galvanique (c'est-à-dire électrique) de la peau.

Des scientifiques ont constaté que lorsque nous étions sujets à une stimulation émotionnelle, notre peau se chargeait davantage d'électricité, avec la sensation de picotement que nous connaissons bien. On peut mesurer cela et montrer que la peur, la colère, la surprise et le désir sexuel produisent des pics de réaction galvanique. Chez les adolescents, la proximité d'un camarade de sexe opposé déclenche ce phénomène.

Je n'embrasse pas, je suis britannique

En 2006, le proviseur d'un établissement scolaire britannique s'est plaint que ses élèves soient trop enclins à se faire des bises. Son attitude reflète le caractère britannique, très différent de celui des Latins qui pratiquent sans arrêt le contact physique. En voulant interdire les contacts physiques dans son établissement, ce proviseur antibisous s'est attiré les sarcasmes de la presse.

Les dimensions de la « bulle » de l'espace individuel varient selon les cultures, mais les psychologues ne sont pas d'accord entre eux sur ces différences. On dit souvent que les Américains sont plus enclins au contact physique et aux embrassades ou aux accolades que les Britanniques, mais une étude américaine remet en question ce stéréotype et affirme que les contacts physiques ne sont pas sans poser de problèmes aux Américains. En revanche, les faits sont difficilement contestables lorsqu'il s'agit des Japonais ou des Arabes : comme on le verra au chapitre 11, les contacts physiques sont rarissimes chez les Japonais, tandis que les Arabes se touchent tout le temps.

Exercice – Question de contact

Notez sur un papier quelle sorte de contact physique :

- vous aimez ;
- vous n'aimez pas ;
- vous trouvez érotique ;
- vous trouvez détestable.

Abordons à présent en détail certains aspects des gestes que nous faisons avec les bras, avec les mains et avec les pieds pour révéler – ou pour cacher – ce que nous pensons et ce que nous ressentons réellement.

5

Les détails parlants du langage corporel

Le langage du corps, cela peut être une question de vie ou de mort. Dans l'Antiquité, lors des jeux romains, l'empereur décidait de la vie ou de la mort d'un gladiateur. Le haut-parleur n'ayant pas encore été inventé, comment faisait-il connaître sa décision au public ? Pour gracier le gladiateur, il brandissait son pouce levé. Pour le condamner, il tournait son pouce vers le sol.

Nous utilisons toujours cette gestuelle, par exemple pour indiquer qu'une situation a tourné favorablement ou défavorablement. Cependant, nous avons adopté le point de vue du gladiateur : un pouce vers le sol indique une situation défavorable.

Plus récemment, des survivants des camps nazis comme Primo Levi (2000), ont expliqué comment ils essayaient désespérément de se tenir droits au cours des inspections. Celui qui paraissait être en bonne santé risquait alors moins d'être envoyé à la chambre à gaz le jour même.

Le langage du corps n'est donc pas quelque chose d'anodin.

Il n'est pas possible d'analyser le moindre de nos mouvements dans ce livre, mais nous pouvons déjà aborder plus en détail les principaux éléments du langage du corps, à savoir :

- l'alignement du corps, les angles et les distances ;
- les mains et les doigts ;
- les bras ;
- les pieds et les orteils ;
- le souffle ;
- la tête et les épaules ;
- les lèvres ;
- la façon de se toucher soi-même ;
- les accessoires.

L'alignement du corps, les angles et les distances

La façon dont nous nous tenons en présence d'une personne physiquement proche est révélatrice. Si cette personne nous plaît, nous orientons le haut de notre corps dans sa direction. Au contraire, si elle nous déplaît ou si elle nous met mal à l'aise, nous nous tournons dans une autre direction. L'angle que nous formons peut varier de 0 degré (face à face direct) à 180 degrés (dos tourné). Dans les années 1960, les spécialistes du langage du corps avaient défini huit orientations différentes, en fonction de la façon dont nous nous servons de l'espace qui nous entoure. L'orientation correspondant à la plus grande intimité est celle des gens qui se font face et se regardent. L'attitude la plus dédaigneuse et la plus hostile consiste à tourner le dos à la personne.

L'orientation est aussi un indicateur du statut. En faisant un tour de table, il est souvent possible de savoir quelle est la personne la plus influente en remarquant le nombre de personnes dont le haut du corps est tourné vers elle. Une personne de rang subalterne pourra faire face à un collègue auquel elle s'adresse, mais son torse restera tourné le plus souvent vers le chef – a fortiori si elle l'admire.

Une personne nerveuse aura aussi tendance à se tourner dans une autre direction que celle de son interlocuteur (comme ci-dessous). Dans le bureau ovale, Richard Nixon, le seul président américain à avoir dû un jour démissionner, avait l'habitude de se placer de telle sorte qu'il formait un angle exagéré avec son visiteur. Des photos d'époque le montrent assis, tourné à 90 degrés par rapport à ses conseillers, comme s'il voulait maintenir une séparation entre lui-même et les autres.

Figure 5.1 – Se tourner dans une autre direction

Ce que nous faisons de notre corps a aussi un impact sur ce que nous faisons de nos mains.

Les mains et les doigts

Nous avons vu qu'une grande part de la masse cérébrale était liée aux mains (pp. 45-46). Il en est ainsi parce que nos mains participent au développement de notre intelligence.

À la naissance, un bébé est d'abord capable de saisir un objet, mais ce n'est qu'un réflexe. Au bout de quelques semaines, il a développé une coordination entre l'œil et la main et peut attraper un objet placé devant lui. À 4 ou 5 mois, il utilise cette faculté pour découvrir le monde qui l'entoure. Un de ses jeux préférés consiste à attraper un objet puis à le lâcher et à attendre que Maman ou Papa le ramasse et le lui remette dans la main. Selon un célèbre psychologue suisse, Jean Piaget (1896-1980), ce jeu apparemment idiot est la façon dont nous commençons à appréhender le monde. En explorant ce qui l'entoure avec ses mains, le bébé commence à développer ce que Piaget (1952) a appelé l'intelligence sensori-motrice, qui est à la racine de toute intelligence.

Vers 9 à 12 mois, le bébé montre les objets. C'est la première forme de communication significative qu'il maîtrise. C'est d'ailleurs une de celles que nous conservons toute la vie. Nous montrons du doigt les articles que nous avons envie d'acheter, etc.

Une variante intéressante est le pied de nez. J'aime assez ce geste, qui montre le rôle particulier que peut jouer le nez, cet étrange organe, dans le langage corporel. La dernière fois que j'ai fait un pied de nez, c'était à une jeune femme qui critiquait mon T-shirt en insinuant que j'étais trop âgé pour le porter.

Pour elle, mon pied de nez était un signe d'immaturité encore plus flagrant que mon T-shirt, mais elle ignorait comme moi que ce geste était très usité en Italie au XVIIIe siècle.

Toucher son propre nez quand on ment permet aussi de dissimuler un afflux sanguin, une sorte de rougissement du nez. C'est donc une forme de déplacement, liée à une connaissance inconsciente de cet indice de mensonge.

Divers gestes subtils des mains permettent de dissimuler des formes plus délicates d'ambivalence.

Les paumes

Quand une femme pose sa main sur un enfant, c'est un signe d'amour, mais c'est aussi le signe d'un désir de contrôle. Mais au sein d'une tribu ghanéenne, des anthropologues ont vu un ancien tourner ses paumes vers le sol pour mieux convaincre ses interlocuteurs que ses femmes étaient favorables à la polygamie (voir figure 5.2b).

(a) (b)

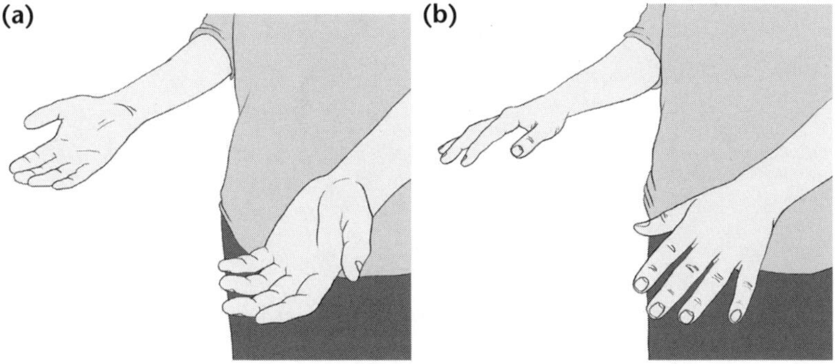

Figure 5.2 – Paumes vers le ciel et paumes vers le sol

En revanche, les paumes tournées vers le ciel sont un signe d'impuissance et de résignation. Cela peut vouloir dire, par exemple : « Au secours ! J'ai affaire à quelqu'un de vraiment dingue ! »

Les paumes trahissent aussi l'anxiété, car elles peuvent transpirer et devenir moites. Le premier directeur du FBI, J. Edgar Hoover, refusait d'engager les agents dont les mains étaient moites, car, selon lui, ils manqueraient à la fois de poigne et d'assurance.

Il existe un certain nombre d'autres mouvements impliquant la paume de la main, en particulier deux gestes qui ont un rapport avec la prière. Quand on prie, on joint les mains, et parfois on forme une sorte de flèche pointant vers le ciel. Il arrive aussi que l'on entrecroise les doigts (voir en page suivante). Cependant, ces gestes ne sont pas seulement les signes de la foi. Ils s'accompagnent souvent de petits mouvements trahissant l'anxiété, comme le fait de se tapoter les doigts les uns sur les autres ou de se les tordre.

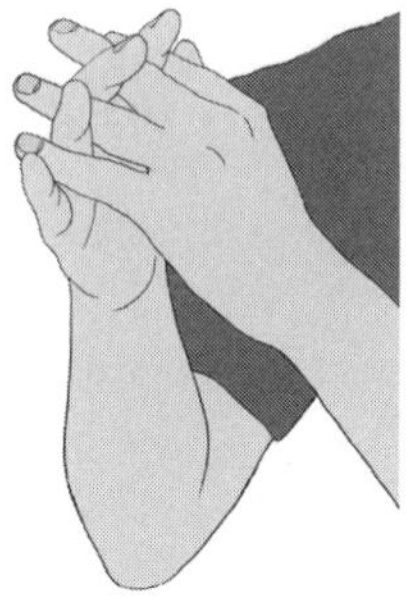

Figure 5.3 – Joindre et entrecroiser les doigts

Si c'est ce que vous avez tendance à faire, entraînez-vous à détendre vos doigts afin qu'ils cessent de bouger tout le temps. Si vous n'y parvenez pas, mettez vos mains dans votre dos. Ainsi, cela se remarquera moins.

Il nous arrive aussi de nous asseoir sur nos mains. La prochaine fois, observez l'orientation de vos paumes. Si vous êtes assis sur vos paumes, alors tournées vers le plafond, c'est le signe que vous tentez de dissimuler un sentiment de vulnérabilité. Si, au contraire, vous êtes assis sur le dos de vos mains, autrement dit les paumes vers le sol, vous êtes probablement en colère et vous voulez exercer un contrôle sur votre interlocuteur, tout en pensant (peut-être inconsciemment) que vous feriez mieux de ne pas montrer votre colère. Vous asseoir ainsi sur vos mains vous permet en effet de vous calmer.

On voit aussi des gens se croiser les doigts l'un après l'autre, ou même se caresser un doigt avec un autre. C'est là encore un signe d'anxiété et une tentative de se détendre.

Les bras

Beaucoup de gens ne savent pas quoi faire de leurs bras, si bien qu'ils finissent par ressembler à une boule de nerfs.

Croiser les bras

Dans le monde entier, croiser les bras est un geste défensif. Les femmes le font volontiers lorsqu'elles sont en compagnie d'un homme qu'elles n'apprécient pas ou qui les fâche. En serrant ainsi les bras et les coudes sur son corps, on donne le signe d'une nervosité aiguë ou d'une anxiété chronique. Le croisement de bras peut devenir une façon de s'embrasser soi-même. Il s'agit, comme tous les autocontacts, de se rassurer un peu. On a envie d'être embrassé pour se sentir mieux, mais comme il n'y a personne pour cela, on s'embrasse soi-même.

Cependant, quand les bras ne sont pas aussi pressés sur la poitrine et quand les coudes restent en hauteur et à distance du corps, il s'agit moins d'un signal de détresse que d'un signe de prudence. Vous êtes sur vos gardes.

En général, nous croisons les bras sur la poitrine, mais les hommes croisent parfois aussi les mains devant leur entrejambe (comme en page suivante). Ils le font notamment en cas de promiscuité.

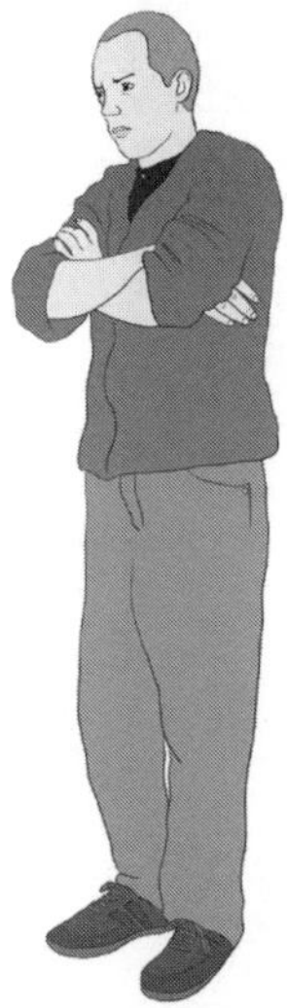

Figure 5.4 – La façon classique de croiser les bras

Les mains sur les hanches

En posant les mains sur les hanches, nous annonçons que nous sommes prêts à affronter la situation et que nous n'allons pas nous laisser faire. Les policiers prennent cette posture au sérieux, ils l'interprètent comme un signe avertissant que l'individu concerné est antisocial et qu'il en est fier. On ignore ainsi si la posture du cow-boy est liée à une fascination pour le far west ou si elle a fini par faire partie de notre langage corporel à force de voir des westerns dans lesquels les cow-boys posent la main sur la hanche avant de dégainer le pistolet (figure 5.6).

Figure 5.5 – Croiser les mains devant l'entrejambe

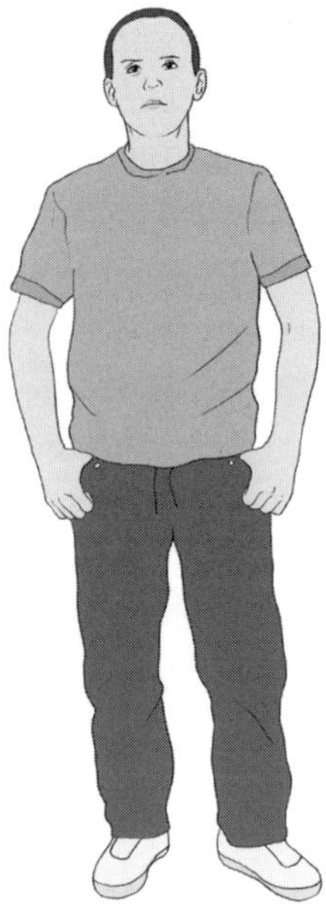

Figure 5.6 – Les mains sur les hanches : la posture du cow-boy

Illustration

Deux observations formulées par des policiers indiquent qu'ils ont tendance à s'inquiéter quand ils voient quelqu'un prendre la posture du cow-boy. Selon un agent du FBI, Joe Navarro, « C'est un geste de revendication territoriale qu'on observe généralement quand quelque chose ne va pas. Lorsqu'ils se rendent chez un individu, je déconseille aux agents de se tenir dans l'embrasure de la porte avec les mains sur les hanches et les coudes écartés. Ils se comportent en maîtres des lieux, ils défendent un territoire, et cette attitude hostile n'est pas la plus appropriée. En revanche, j'encourage les femmes à utiliser cette posture plus souvent afin de marquer un plus grand territoire et ainsi, une plus grande autorité. » Un autre policier explique qu'il a toujours ressenti le besoin d'être sur ses gardes dès qu'il voyait quelqu'un dans cette posture, et qu'il se rappelle avoir interrogé un suspect qui gardait une main sur la hanche.

À Los Angeles, un autre policier a évoqué devant des psychologues une situation où il pensait progresser dans l'interrogatoire d'un suspect. Or, il s'est aperçu que mettre ses mains sur ses hanches permettait au suspect d'éviter d'avouer. Il a fini par comprendre ce qui se passait et a alors provoqué le changement d'attitude du suspect en laissant tomber son stylo. Décontenancé, le suspect l'a ramassé puis n'a pas tardé à tout avouer.

Si quelqu'un vous fait face en prenant cette position, regardez ses pieds. Sont-ils fermement campés sur le sol ou gigotent-ils ? S'ils sont fixes et déterminés, mettez-vous à l'abri car cet individu est sur le point de passer à l'attaque, verbalement ou physiquement.

Les pieds et les orteils

Selon certains philosophes, bouger les pieds faciliterait notre usage du cerveau. Les disciples d'Aristote (384-322 av. J.-C.) étaient appelés les « péripatéticiens » (c'est le sens premier du mot) parce qu'ils marchaient tout en méditant sur des pensées profondes. À chaque kilomètre parcouru surgissait une nouvelle idée.

Les pieds représentent le quart du nombre d'os du squelette et leur position est très parlante car elle indique en particulier si vous avez des affinités avec la personne qui vous fait face. Certains spécialistes parlent de pieds orientés vers l'intérieur (comme ci-dessous), par opposition aux pieds orientés vers l'extérieur.

Une étude a même montré que les membres d'un jury pouvaient inconsciemment éloigner leurs pieds de l'avocat ou du juge avec lequel ils étaient en désaccord (voir en page suivante).

Figure 5.7 – Les pieds tournés vers l'intérieur

Figure 5.8 – Les pieds tournés vers l'extérieur

Se grandir

Quand ils veulent impressionner leurs congénères, les crapauds se gonflent. Les chats, les chiens, les lions et d'autres espèces hérissent leur pelage pour intimider leurs adversaires. King Kong, en bon gorille, se frappait la poitrine. Nous faisons à peu près la même chose. Les uniformes militaires et les tenues de ville que nous portons au travail sont souvent coupés de manière à faire paraître notre poitrine plus forte et nos épaules plus larges. Nous faisons aussi en sorte d'être bien coiffés pour donner l'impression d'une meilleure maîtrise de nous-mêmes.

Exercice – Comment vous comportez-vous en public ?

Pensez à la dernière fois que vous avez voulu impressionner quelqu'un au cours d'une rencontre ou d'une réunion.

- Comment vous étiez-vous habillé ?
- Ne vous êtes-vous pas comporté comme le font les crapauds ?

La tête et les épaules

Nous hochons la tête, nous la secouons, nous l'inclinons, nous haussons les épaules. Certains de ces mouvements ont une signification claire, mais en ce qui concerne les inclinaisons de la tête, les choses ne sont pas aussi évidentes.

L'inclinaison de la tête

Quand nous penchons la tête sur le côté au cours d'une conversation, c'est souvent, de façon inconsciente, une tentative de créer un lien affectif avec notre interlocuteur. Toutefois, cette forme d'expression non verbale fait partie de celles qui peuvent avoir une signification différente selon les hommes ou les femmes. Les femmes qui inclinent latéralement la tête, comme le faisait souvent la princesse Diana, semblent plutôt réservées ou soumises. Il serait sans doute intéressant de voir si Lady Di ne le faisait pas de moins en moins à mesure qu'elle était moins disposée à se plier à l'étiquette de la Cour d'Angleterre.

Figure 5.9 – L'inclinaison de la tête chez un homme

Les hommes ont tendance à renverser la tête en arrière plutôt que sur le côté, et ce geste n'indique pas du tout la même chose que pour les femmes. Chez les hommes, c'est le signe d'un sentiment de supériorité (comme ci-dessus). Parmi les hommes politiques ayant fait ce mouvement au cours de leurs allocutions publiques, on peut citer Al Gore, Benito Mussolini et Franklin D. Roosevelt. Malgré leurs grandes différences, chacun d'eux, en renversant la tête en arrière, montrait du dédain et du mépris. Les hommes méprisants relèvent parfois aussi un sourcil, plus haut que l'autre, plissent les yeux ou relèvent la lèvre inférieure.

La main derrière la tête et le frottement de la nuque

Selon une étude publiée en 1971, un athlète qui est en colère a tendance à poser ses mains derrière sa tête. J'ai souvent vu des footballeurs faire ce geste. Même les enfants le font quand ils se font réprimander.

Au FBI, où l'on apprend aux agents à être attentifs au langage du corps, ce geste est considéré comme un indice utile lors des interrogatoires. Comme le note Joe Navarro (2003), qui est un de leurs spécialistes de la communication non verbale : « Pendant les interrogatoires, j'ai observé des individus qui se touchaient la nuque tout de suite après qu'on leur a dit qu'ils étaient soupçonnés, et j'ai poursuivi mes observations chaque fois que les enquêteurs décrivaient pertinemment une chose que le suspect connaissait. J'ai aussi remarqué que la vitesse à laquelle le bras s'élançait vers la nuque était significative, de même que la force appliquée dès que la main était sur la tête ou sur la nuque. »

Figure 5.10 – Le frottement de la nuque

Selon Navarro, il est également utile d'observer « l'angle de la tête et du cou quand la main atteint l'arrière de la tête ou la nuque. Plus cet angle est important, plus la personne est mal à l'aise. J'ai vu un homme qui était complètement penché en avant au point de décoller de sa chaise en portant la main à la nuque, et qui se penchait même davantage lors d'une confrontation. »

Quand un individu met une ou deux mains derrière la tête, c'est un signe d'incertitude, de conflit, de frustration, de colère ou d'aversion. Pour dissimuler ce genre de sentiments, les gens ont parfois tendance à se masser le cou.

Desmond Morris affirmait que le fait de déplacer brusquement sa main pour la poser sur sa nuque signifiait « une colère soudaine mais non exprimée ».

Les haussements d'épaules

Nous haussons les épaules pour indiquer que nous ne sommes pas très sûrs de ce que nous disons (comme ci-contre). Cet indice non verbal peut modifier – et même contredire – le sens de nos paroles.

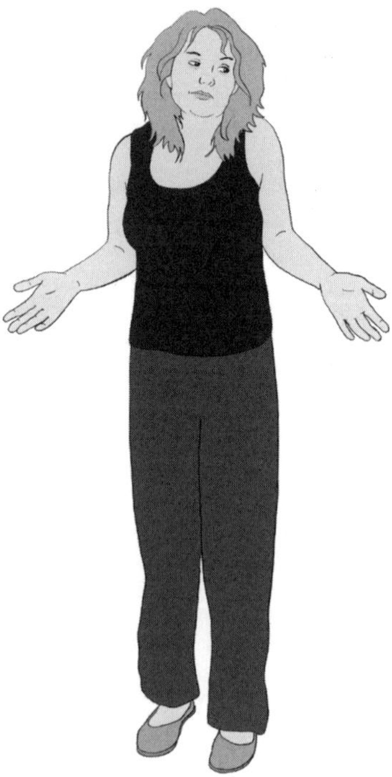

Figure 5.11 –
Le haussement d'épaules

Le 11 juillet 1996, alors qu'elle était en orbite dans la station spatiale russe Mir, l'astronaute américaine Shannon Lucid, tout en répondant à des questions concernant son retard de six semaines pour revenir sur Terre, a haussé les épaules, incliné la tête et fait un geste de la main avec la paume vers le ciel. « Vous savez, a-t-elle expliqué au cours de l'émission de NBC *Today Show*, c'est la vie. »

Comme les épaules, les lèvres peuvent laisser filtrer un certain nombre de messages.

Les lèvres

Un gorille énervé serre les lèvres. Le psychologue Paul Ekman a découvert que sur les hautes terres de Papouasie-Nouvelle-Guinée, quand on demandait aux hommes de faire comme s'ils étaient en colère et prêts à attaquer, ils serraient les lèvres.

Dans la jungle des entreprises, les dirigeants font souvent la même chose. Quand votre patron est furieux, il y a des chances pour qu'il serre les lèvres. Une petite inflexion au coin de la bouche – effet de la contraction inconsciente de ce que l'on appelle le muscle triangulaire des lèvres – est souvent le premier signe d'une affliction ou d'une déception. La compression des lèvres est caractéristique d'une tension.

Figure 5.12 – Lèvres serrées

En règle générale, plus la bouche est ouverte et plus la personne est détendue. Le bâillement est d'ailleurs une preuve évidente de lassitude. Je ne parle pas ici du bâillement étouffé, consistant à tenter de garder la bouche fermée tout en inspirant à travers des lèvres contractées.

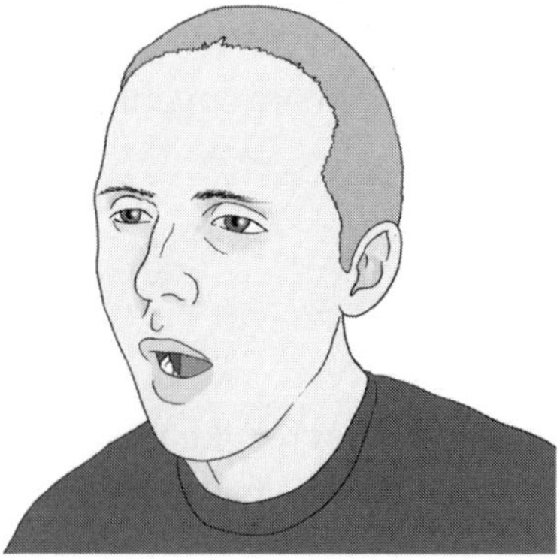

Figure 5.13 – Le bâillement

Tirer la langue

Tirer la langue ouvertement est un geste de dédain, mais il nous arrive très souvent de sortir un tout petit bout de langue. Montrer la langue indique l'aversion ou le désaccord. Il convient de considérer cela comme un avertissement. C'est valable aussi pour les gorilles. Un gorille chassé de sa branche préférée montrera sa langue en signe de mécontentement.

Montrer la langue peut se faire de façon discrète. Dans le métro, mon terrain d'observation préféré, j'ai observé un couple de trentenaires. J'ai vu la femme serrer les lèvres, se les mordre et faire apparaître le bout de sa langue, mais son partenaire n'a rien remarqué. Assis, il lui tournait légèrement le dos et contemplait ses achats dans le sac en plastique posé à ses pieds. À un moment, il lui a donné un petit coup d'épaule pour plaisanter, puis il s'est tourné vers elle. Ce n'est qu'en voyant son visage tendu qu'il s'est rendu compte que quelque chose n'allait pas. Il n'a pourtant rien dit et a simplement continué à lui donner des coups d'épaule pour rire. Soudain, elle a souri et ils ont commencé à chahuter gentiment comme deux jeunes enfants. Elle avait changé d'humeur et, quelques secondes plus tard, elle a posé sa tête sur l'épaule de son compagnon. L'anxiété qui l'avait conduite à montrer la langue avait complètement disparu.

Quelqu'un qui montre sa langue pour se lécher les lèvres essaie de se rassurer : c'est un des nombreux mouvements consistant à se toucher soi-même.

Se toucher soi-même

Dans notre société toujours plus stressante, nous avons tendance à nous attraper les poignets, à nous les masser, à nous gratter et les femmes en particulier se touchent souvent les bras et les cheveux. Il serait intéressant de savoir si l'on se touche davantage aujourd'hui que dans le passé… Là encore, il s'agit d'un moyen de se déstresser que nous avons hérité de nos ancêtres lointains. Comme l'a remarqué Jane Goodall, célèbre pour avoir étudié les chimpanzés dans leur milieu naturel, « plus l'anxiété ou une situation de conflit est intense, plus le grattage devient vigoureux. Cela se passe généralement quand les chimpanzés sont inquiétés ou effrayés par ma présence ou par celle d'un chimpanzé dominant » (Goodall, 1974).

Privés de leur mère, les singes rhésus se touchent intensément. Ils se sucent le pouce ou les orteils, ils s'étreignent eux-mêmes et ils secouent la tête. Comme les malades mentaux, qui régressent souvent de façon semblable, les singes orphelins qui se sentent abandonnés tentent désespérément de se réconforter. C'est aussi ce que font souvent les enfants en détresse, par exemple ceux des orphelinats. On les voit également se balancer, de la même façon que les juifs orthodoxes quand ils prient avec ferveur.

Que nos plus hauts dirigeants politiques se conduisent exactement comme les singes est une chose que je trouve plutôt rassurante.

On se souvient ainsi de Tony Blair se caressant le ventre pendant l'allocution de Gordon Brown lors d'un congrès du Parti travailliste…

En général, quand on veut paraître décontracté et crédible, mieux vaut éviter de se toucher, même si c'est un réflexe. Nous ne sommes d'ailleurs pas obligés d'être esclaves de la façon dont notre corps a l'habitude de s'exprimer. Dans l'exercice suivant, je vous propose quelque chose pour changer ces habitudes. C'est en partie pour plaisanter, mais c'est aussi parce que nous avons tous tendance à nous installer dans une routine. Pour en sortir, faites donc cet exercice.

Exercice – Modifiez vos réactions instinctives

Notez vos gestes récurrents lorsque vous êtes content et lorsque vous êtes en colère. Cherchez par quels autres gestes vous pourriez les remplacer, même si cela vous semble ridicule. Ainsi, par exemple, la prochaine fois que vous serez fâché, au lieu de pianoter sur la table, mettez-vous debout sur celle-ci et bâillez.

L'idée essentielle, dans cet exercice, est de ne pas oublier que vous n'avez pas besoin d'être l'esclave de la façon dont votre corps a l'habitude de s'exprimer.

Accessoires et symboles du statut social

Le téléphone mobile

On pourrait comparer le téléphone mobile aux chapelets et autres gris-gris utilisés dans certaines cultures (en Grèce par exemple). Les hommes les tripotent pour faire diminuer leur anxiété et parfois même pour atteindre un état méditatif. Les femmes jouent quant à elles avec leurs cheveux ou leurs bijoux.

Figure 5.14 – Tripoter ses bijoux

Nous autres Occidentaux recourons rarement aux gris-gris, mais la technologie actuelle nous offre un accessoire encore plus efficace pour exprimer notre anxiété : le téléphone mobile. Pour qui cherche à interpréter le langage du corps, difficile de trouver mieux que les postures adoptées par ses utilisateurs. C'est devenu un intéressant sujet de recherche, sachant que les fabricants veulent en savoir un maximum sur la façon dont les gens utilisent leur appareil.

Le téléphone mobile nous permet d'exprimer nos anxiétés. On voit souvent des gens caresser leur téléphone comme s'il s'agissait de la lampe merveilleuse d'Aladin. Si vous êtes capable de psalmodier la bonne formule, vos messages auront peut-être pour vous un effet magique.

On entend des rabat-joie – du moins, vous devez les considérer comme tels si vous faites partie de ces gens mariés à leur portable – affirmer qu'aujourd'hui, du fait que les gens ont tous un portable collé à l'oreille, le langage du corps devrait changer radicalement. Parce que nous communiquons de plus en plus par téléphone et par SMS plutôt que face à face, allons-nous désapprendre à hocher la tête et à sourire au moment opportun ? Les résultats des études sont plutôt rassurants. Bien souvent, nous continuons d'utiliser le même langage corporel lorsque nous parlons dans un téléphone, même quand personne ne nous regarde. Une étude montre qu'environ 20 % des utilisateurs de téléphones portables continuent de faire des gestes, de sourire et de hocher la tête comme si leur interlocuteur était en face d'eux.

Figure 5.15 – Ménager un espace personnel

Des études ont aussi montré que les gens adoptaient généralement deux postures différentes au téléphone. Dans la première, la personne a une attitude ouverte, elle est heureuse de parler au téléphone et de faire savoir aux autres ce qu'elle fait et ce qu'elle dit. Le téléphone mobile fait alors partie de l'apparence extérieure, au même titre que la coiffure. Il sert à paraître assuré, ou même brillant. En revanche, certains adoptent une posture plus distante. Ils ménagent un espace personnel autour d'eux et c'est tout juste s'ils ne cachent pas leur téléphone. Tout se passe comme s'ils faisaient abstraction du monde qui les entoure pour se consacrer exclusivement à leur communication téléphonique. La femme de la figure ci-contre en est l'illustration. Elle attend le métro, la tête un peu penchée, le regard dirigé vers le sol. Son sac fait office de bouclier, comme pour l'aider à ménager un espace personnel dans lequel elle pourra consulter ses messages en paix.

La question intéressante, d'un point de vue psychologique, est de savoir si ces postures différentes correspondent à des types de personnalité différents. Je suis sûr qu'il y aura des volontaires pour se lancer dans une telle recherche, à la seule condition qu'Orange ou SFR fournisse les fonds nécessaires !

Il me semble que les utilisateurs de téléphones mobiles appartiennent plus souvent à la première catégorie qu'à la seconde, mais ce n'est que mon impression. Il est visible que nous avons de moins en moins d'inhibitions : nous parlons avec animation dans notre téléphone en présence d'étrangers, si bien que tout le monde sait tout de suite dans quelles dispositions d'esprit nous nous trouvons. Peut-être bien qu'il aura fallu le téléphone mobile pour en décoincer certains…

L'automobile et le sport en salle

Dans notre société, l'automobile est un des principaux symboles du statut social. Chez les couples, celui qui conduit le plus souvent est généralement le partenaire dominant, ou du moins, celui qui a le plus besoin de prendre les choses en main. Cependant, si le conducteur tapote constamment le volant, on peut penser qu'il n'est pas tout à fait décontracté.

Les salles de sport sont devenues un endroit où l'on ne fait pas seulement du sport : on s'affiche. On y voit aussi des personnes narcissiques qui se contemplent sans arrêt dans la glace.

Expérience au supermarché

Si vous voulez devenir un spécialiste du langage du corps, attardez-vous au supermarché le plus proche de chez vous et observez les couples :

- Qui a la maîtrise du Caddie ?
- La décision d'acheter un produit se fait-elle à deux ?
- Quand les gens, en arrivant devant les caisses, s'aperçoivent qu'ils ont oublié un article, lequel des deux court le chercher ?

De telles observations sont très parlantes. Celui qui envoie l'autre chercher l'article oublié est le partenaire dominant vis-à-vis du public. Cela ne signifie pas nécessairement qu'il est aussi le partenaire dominant dans une situation plus intime, mais on peut le subodorer.

Et pour finir…

Pour finir, une vision un peu cynique de certains aspects du langage corporel.

- Qu'est-ce que cela signifie quand un homme tient le visage de sa partenaire pendant qu'il l'embrasse ?
  Crois-moi, j'adore t'embrasser, pourquoi n'irions-nous pas plus loin ?
- Quand vous tripotez votre bague, quel message envoyez-vous à l'homme qui vous fait face ?
  Si tu quittes ta femme, je quitterai mon mari, mais en attendant tu n'auras rien de plus que de simples bises amicales.
- Quand un homme met ses pouces dans ses poches tout en parlant avec une femme, que veut-il lui faire comprendre ?
  Je sais quelque chose qui va t'intéresser. (Ou du moins, c'est ce qu'il veut faire croire.)

6
L'importance du regard

Quand mon patron m'a regardée, j'ai craqué. J'ai compris que je ne pourrais pas continuer à mentir… Quand il m'a regardée dans les yeux, j'ai fondu.

Ces deux phrases pourraient être extraites de n'importe quel roman mélodramatique, mais elles illustrent deux choses que nos yeux nous permettent de communiquer. Il y a l'intention de dominer l'autre, et il y a l'amour. À ces deux dispositions correspondent autant de manières différentes de regarder l'interlocuteur. Dans ce chapitre, je traiterai des aspects suivants :

- les échanges de regards avec une personne qui nous attire ;
- le regard quand nous cherchons à dominer l'autre ;
- la façon dont les enfants apprennent à regarder et à répondre au regard des autres ;
- la façon dont le regard participe à la conversation ;
- les clignements d'yeux et notre façon de faire bouger nos sourcils.

L'anatomie de l'œil

Pour éviter que les fantassins ratent leurs cibles, on leur disait de ne pas tirer tant qu'ils n'avaient pas vu le blanc des yeux de l'ennemi. Cependant, face à une armée de gorilles, un tel ordre serait peu pertinent. Si l'œil humain est si blanc, c'est parce que certains pigments présents dans les yeux des autres primates sont absents chez nous. Chez les gorilles, la zone entourant l'iris est sombre, si bien qu'il est difficile à un gorille de savoir dans quelle direction un autre gorille regarde.

Si nous voyons mieux qu'eux dans quelle direction regardent nos semblables, c'est aussi en raison d'un plus grand contraste entre nos yeux et notre peau. Par ailleurs, nous pouvons facilement suivre le regard d'autrui car nos yeux sont plus ouverts en largeur et plus larges par rapport aux dimensions de notre tête.

D'après certains scientifiques, nous aurions évolué de cette façon pour faciliter la communication et la coopération. Un bébé humain regarde le visage et les yeux de ses parents deux fois plus qu'un bébé gorille ou chimpanzé. Or, c'est en regardant qu'un bébé apprend.

Enfin, de la même manière que nous observons nos parents, nous regardons attentivement les adultes dont nous voulons être aimés. D'après les psychologues de l'Oxford Social Research Centre, « les yeux sont probablement l'instrument de flirt le plus important » car ce sont « des transmetteurs extrêmement puissants des signaux sociaux vitaux ». C'est ce qu'illustrait une publicité récente pour des lentilles de contact, sur laquelle on lisait : « Il a regardé amoureusement ses lunettes. » La meilleure manière de tuer l'amour ! Un amant doit pouvoir réellement regarder dans les yeux la personne qu'il aime.

Quand une personne nous plaît, nos yeux changent de taille et nos pupilles se dilatent. Ces changements ne sont pas conscients, mais selon les termes de ces chercheurs, ils font que le regard devient « un acte de communication fort et chargé d'émotion ».

Ils ajoutent que « normalement, nous nous limitons à des coups d'œil très brefs ».

Deux personnes qui se plaisent échangent davantage de regards qu'un couple « normal ». Les futurs amants adoptent aussi des positions qui leur permettent de se regarder de façon de plus en plus directe.

Exercice – Jeu de regards

Asseyez-vous en face de votre partenaire.

- Regardez-vous.
- Puis asseyez-vous côte à côte.

Assis côte à côte, vous échangerez sans doute moins de regards car vous pourrez vous toucher l'air de rien, sans avoir à vous justifier par des paroles ou une expression du visage, comme quand vous prenez la main de votre partenaire.

Coucou !

Les bons parents échangent beaucoup avec leur bébé. La mère regarde sans cesse son bébé : en le chatouillant, en le câlinant ou en le nourrissant. Le père en fait autant, ou presque, et les regards deviennent un jeu pour surprendre le petit. Cela se pratique depuis fort longtemps, je parierais même qu'ils faisaient pareil à l'âge de pierre. On regarde son bébé, on détourne la tête, puis on se retourne vers lui en s'exclamant : « Coucou ! » Ce jeu est très important, car il permet à votre bébé d'appréhender la succession et l'alternance des événements dans le temps.

Compte tenu de l'importance du regard, il n'est pas surprenant qu'un bébé soit rapidement capable de savoir à quel moment on le regarde. Des psychologues ont montré à des enfants âgés de 2 à 5 ans des photos de visages. Sur certaines photos, les yeux étaient tournés vers un côté, tandis que sur d'autres, la personne vue de face regardait droit devant elle. Les jeunes enfants ont regardé plus longuement ces dernières.

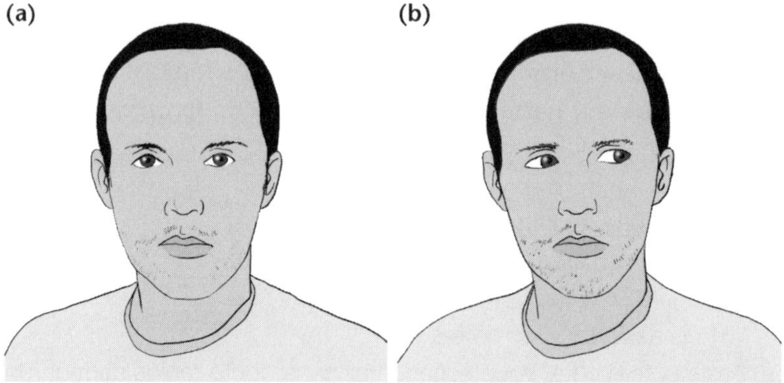

Figure 6.1 – Un regard franc et un regard fuyant

Cette différence s'explique par la façon dont notre cerveau traite ce que nous voyons. À l'âge de 4 mois, un bébé normal sait traiter l'information que lui donne un visage qui le regarde, plus vite qu'un visage qui regarde ailleurs (Farroni *et al.*, 2002). Un mois plus tard, il est encore plus attentif lorsqu'il a devant lui un visage avec de grands yeux.

L'impression laissée par de grands yeux reste dans nos souvenirs toute la vie, surtout chez les hommes. Aux États-Unis, ces derniers déclarent trouver particulièrement attirantes les femmes qui ont de grands yeux bien écartés. Les femmes aussi trouvent attirants les hommes qui ont de grands yeux (mais curieusement, dans les petites annonces, les gens parlent rarement de leurs grands yeux).

Si quelqu'un a pris très au sérieux ce genre d'observation scientifique, c'est sans doute Steven Spielberg. Dans son film *E.T.*, il lui a paru bon de doter son extraterrestre de grands yeux et de le faire ainsi ressembler à un bébé. À noter qu'*E.T.* fut l'un des plus grands succès commerciaux de l'histoire du cinéma. Je ne dis pas que cela est dû aux grands yeux de la créature, mais cela a sans doute aidé.

Dans un milieu familial favorable, le bébé apprend assez vite les règles du regard. En revanche, chez les enfants autistes ou maltraités, ce système très complexe ne fonctionne pas correctement et les effets sur leur comportement sont très importants.

Illustration

Une petite fille âgée de 2 ans, atteinte d'autisme, ne regardait pas sa mère même lorsque le visage de celle-ci était juste devant le sien. Elle ne montrait jamais ses jouets à ses parents, comme le fait tout enfant normal. Pour capter son attention, ses parents l'appelaient par son nom, mais bien souvent, ce n'était même pas efficace. Le meilleur moyen d'y parvenir consistait à prendre son visage dans les mains et à lui faire tourner doucement la tête pour qu'elle soit obligée de les regarder.

Niko Tinbergen (1972), spécialiste de la psychologie animale, a observé des enfants autistes et a affirmé que, souvent, ils avaient simplement peur d'un contact visuel trop direct, tout comme les oiseaux dans certaines situations.

Des spécialistes ont étudié la façon dont le cerveau des bébés réagissait quand ils voyaient un visage qui les regardait, et ce qui se produisait quand le visage regardait ailleurs. Ils ont enregistré l'activité cérébrale de trente-trois bébés pour pouvoir étudier l'onde positive lente pendant que chaque bébé regardait une actrice qui devait successivement paraître triste, joyeuse et en colère (voir ces expressions pp. 120-121).

Ils ont constaté des différences, mais seulement quand l'actrice paraissait en colère. Cela les a surpris, car ils pensaient qu'un visage souriant déclencherait aussi une croissance de l'onde positive. À cela, ils ont trouvé une explication intéressante. Les bébés ont l'habitude de voir des visages souriants, mais pas des visages en colère (du moins pas s'ils sont élevés convenablement).

Un visage en colère est donc pour eux quelque chose de nouveau, et ce qui est nouveau, pouvant représenter une menace, requiert une attention immédiate. Il en résulte une onde positive lente plus grande.

Il ne s'agit pas d'un résultat isolé. Quand des enfants handicapés mentaux regardent un visage, la réponse déclenchée dans leur cerveau est très différente de celle des enfants normaux. Dans les années 1990, quand la presse a fait connaître la situation dramatique des orphelinats roumains, on a étudié la façon dont soixante-douze orphelins âgés de 7 mois à 2 ans et demi réagissaient devant des photos de visages tantôt en colère, tantôt joyeux, tantôt apeurés, tantôt tristes. Les réponses cérébrales observées ont été très différentes de celles des enfants normaux.

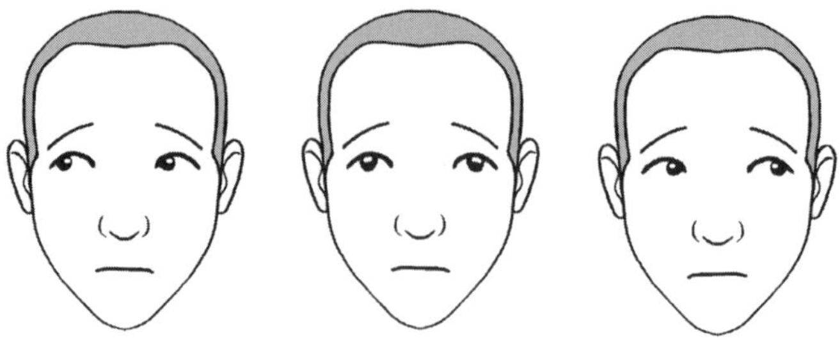

Tristesse

Joie

Colère

Figure 6.2 – Neuf types de regards pour tester
les réponses chez les bébés

Il existe toutefois une importante différence entre le contact visuel avec un bébé et le contact visuel avec un adulte. Il est possible de regarder fixement un bébé pendant un temps prolongé sans que celui-ci ne se sente menacé, et cela nous amène à nous poser une question : à quel âge un enfant apprend-il qu'il est impoli et agressif de dévisager quelqu'un ? Il semble que personne n'ait encore la réponse.

Nous pensons au contact visuel comme à un regard ininterrompu, mais lorsque nous contemplons quelqu'un avec amour, nous clignons des yeux. Le clignement d'yeux est un des réflexes humains les plus fondamentaux.

Le clignement d'yeux

Normalement, nous clignons des yeux à peu près 25 fois par minute, même si nous n'en avons pas conscience. Par conséquent, si nous regardons quelqu'un sans cligner des yeux, c'est un signe inquiétant.

D'après Niko Tinbergen, le clignement d'yeux est fréquent chez les primates : « au moindre petit commencement de stress, les paupières clignent ! »

La fréquence des clignements d'yeux passe de 25 à 50 battements par minute chez une personne interviewée par la télévision, et elle devient bien plus élevée encore si cette personne fait campagne pour se faire élire à la présidence des États-Unis. Lors du débat de 1996, le candidat Bob Dole clignait des yeux en moyenne 147 fois par minute, soit 7 fois plus que la normale. Le président Bill Clinton atteignait en moyenne 99 clignements par minute, mais jusqu'à 117 quand on lui posait des questions difficiles, par exemple une question sur la hausse de la consommation de drogue chez les adolescents au cours de son premier mandat.

Pour l'agent du FBI Joe Navarro, une fréquence plus élevée que la normale est un signe fiable de culpabilité et d'anxiété. Le FBI sait d'ailleurs repérer d'autres indices. Navarro a observé le présentateur Matt Lauer, dans l'émission de NBC *Today's Show*, au moment où celui-ci expliquait que Madonna lui avait menti au sujet de sa grossesse. Quand Lauer lui avait demandé si elle était enceinte, il n'avait pas remarqué un indice auquel le FBI attache souvent de l'importance : le battement des paupières (voir figure 2.12, p. 51).

Il ne faut pas confondre le battement des paupières et le clignement d'yeux : en regardant un film au ralenti, on peut constater que l'œil ne se ferme pas complètement et que la vitesse est étonnante. Navarro s'est intéressé pour la première fois aux mouvements des paupières en 1985 et il a constaté que les individus qui étaient troublés par une question battaient souvent des paupières, surtout lorsqu'ils étaient sur le point de mentir : « Je demande aux procureurs, quand quelqu'un est appelé à la barre, de guetter le battement de paupières : c'est le signe que la personne n'aime pas du tout la question qu'on lui pose. »

La règle « écouter et regarder »

En général, celui qui parle regarde ailleurs plus souvent que celui qui écoute. Ce n'est pas ce à quoi l'on pourrait s'attendre. On nous apprend à regarder la personne à laquelle nous nous adressons, mais des études confirment que celle-ci ne peut qu'être mal à l'aise si nous la fixons avec trop d'insistance. Par conséquent, un bon orateur ne fixera des yeux sont interlocuteur que pendant 40 % du temps environ, et cette fixation ne durera jamais longtemps : en général, entre 1 et 4 secondes, pas plus.

Le contact visuel est aussi ce qui permet de signaler qu'on a presque terminé. Celui qui est sur le point d'arrêter de parler se met, de façon tout à fait inconsciente, à regarder rapidement son interlocuteur. C'est un signe indiquant que c'est maintenant à celui-ci de parler.

Pour faire savoir de façon non verbale qu'on veut prendre la parole, surtout face à quelqu'un qui semble ne pas vouloir s'arrêter de parler, le geste est différent. L'auditeur tourne la tête dans une autre direction, fait des gestes et inspire plus profondément, car il va avoir besoin de souffle pour pouvoir parler.

Conseil

Observez les lèvres de la personne qui vous écoute. Sa bouche doit être détendue et ne pas trop remuer. Elle ne doit pas être asymétrique, car ce serait le reflet d'un inconfort.

Un signal non verbal déconcertant, quand vous êtes en train de parler, est le bâillement étouffé : la personne ferme la bouche et souffle à travers ses lèvres crispées, et vous pouvez voir ses joues se gonfler légèrement.

Si vous voulez montrer à votre interlocuteur que vous accordez une attention soutenue à ce qu'il est en train de vous dire, il faut que vous regardiez son visage pendant non pas 40 %, mais 60 % du temps.

Pour entretenir une conversation, les règles de base sont les suivantes :

- regarder davantage le visage de votre interlocuteur quand vous l'écoutez ;
- regarder davantage dans une autre direction quand vous parlez ;
- le regarder brièvement pour lui indiquer que vous comptez prendre la parole dans quelques secondes.

Celui qui est distrait par autre chose peut sourire de façon asymétrique et tourner nerveusement la tête dans une autre direction. Un autre moyen de savoir si votre interlocuteur est concentré sur ce que vous êtes en train de lui dire consiste à vérifier qu'il écoute non seulement vos paroles, mais aussi le rythme de votre conversation : hocher la tête et sourire de façon opportune sont un bon moyen d'encourager l'autre à continuer de parler.

Ce genre de mouvements vous permet de contrôler les conversations bien plus que vous pourriez le penser. Si vous approuvez d'un hochement de tête ce que dit votre interlocuteur, si vous lui souriez quand il s'interrompt, il aura le sentiment que vous êtes un bon auditeur et que vous êtes attentif. Vos signes doivent cependant rester subtils, faute de quoi il aura l'impression que vous essayez de le manipuler.

En matière de contact visuel, tout est dans la « brièveté ». Si vous dévisagez la personne pendant un temps trop long, ce n'est plus de l'empathie mais une forme de menace.

Contact visuel et pouvoir

Dans les films de Dracula de 1931, de 1973 et de 1979, les acteurs Bela Lugosi, Jack Palance et Frank Langella écarquillent les yeux avant de mordre leur victime au cou et de leur sucer le sang. Ceux qui ont travaillé ou servi sous le commandement de certains chefs comme le général Montgomery, qui a combattu à El-Alamein, ou le manager du club de football Manchester United, Sir Alex Ferguson, ne les comparent pas à des vampires, mais ils parlent de leur regard perçant. Même des personnes sûres d'elles fléchissent sous le regard de tels surhommes. De façon consciente ou inconsciente, ils savent se servir de ce que les psychologues appellent le pouvoir du regard.

On dit parfois que c'est comme si ces personnes avaient un troisième œil au milieu du front qui vous fixerait en permanence. Cependant, dans ce langage des yeux et du regard, nous pouvons discerner différents éléments essentiels comme l'écarquillement des yeux ou l'abaissement des sourcils.

Les yeux écarquillés

Quand nous sommes surpris, deux muscles des paupières, le muscle tarsal supérieur et le muscle tarsal inférieur, élargissent la fente des yeux de telle sorte qu'ils paraissent plus ronds, plus gros et plus blancs. C'est ce qui se produit quand nous sommes en proie à une forte émotion ou quand nous nous sentons menacés. L'écarquillement des yeux nous permet de mieux voir sur les côtés. Il est contrôlé par une partie spécifique de notre système nerveux, celle qui gère le « mode de survie ». Les signaux psychologiques qui provoquent l'écarquillement des yeux sont difficiles à feindre, si bien que ce sont des signes très fiables de terreur ou de rage qui peuvent annoncer une agression verbale ou physique imminente. Le mouvement des sourcils peut aussi être révélateur.

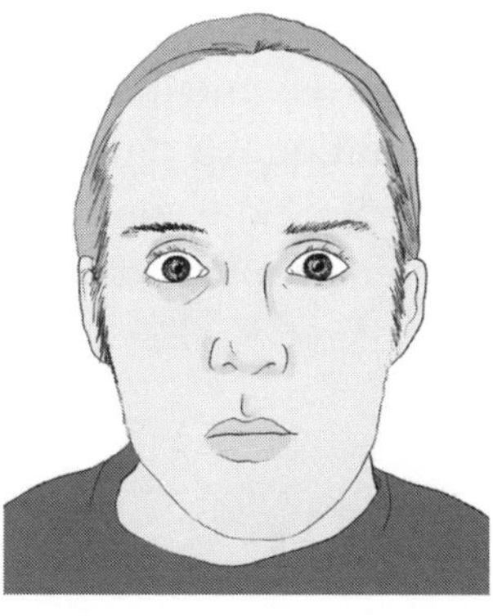

Figure 6.3 – Les yeux écarquillés

L'abaissement des sourcils

Charles Darwin avait remarqué que les singes, et surtout les babouins, lorsqu'ils étaient en colère ou excités, « bougent rapidement et de façon incessante les sourcils de haut en bas » (Darwin, 1872). Or, il semble qu'il se produise à l'école maternelle la même chose que dans la jungle. Souvent, un jeune enfant qui est sur le point d'en frapper un autre commencera par le fixer intensément. Un chercheur a noté un processus très particulier chez les enfants, qu'il a caractérisé comme « ce qui ressemble à un froncement avec un abaissement des sourcils et l'apparition d'un léger sillon vertical du sourcil » (Nick Burton Jones, 1967).

Figure 6.4 – L'abaissement des sourcils

Un abaissement soudain des sourcils est aussi un bon signe indiquant que la personne n'est pas d'accord avec vous ou se moque de ce que vous pouvez lui dire. Voir les indices de mépris et de dédain au chapitre 5 (pp. 104-105).

Les mouvements des yeux

Il est évident que ce que vous regardez peut refléter votre pensée, mais selon certains spécialistes, la direction de votre regard est aussi très révélatrice. Ils ont étudié les « mouvements conjugués latéraux » des yeux, des mouvements involontaires vers la gauche ou la droite qui accompagnent la pensée. On distingue ainsi ceux qui bougent les yeux vers la gauche et ceux qui les bougent vers la droite, sachant que chez un individu donné, environ 75 % de ces mouvements se font dans la même direction.

Une étude célèbre a porté sur ces mouvements des yeux chez les mathématiciens. On a constaté que le mouvement vers la droite était associé à la pensée symbolique (du genre « Que vaut A + B ? ») tandis que le mouvement vers la gauche était associé à la pensée visuelle. Les mathématiciens dont les yeux bougeaient vers la gauche étaient ceux reconnus par leurs collègues comme étant les plus créatifs.

Concernant le mouvement des yeux, les avancées les plus ambitieuses ont été celles réalisées par une école de thérapie fondée en Californie, la Programmation neurolinguistique (PNL).

Des crapauds changés en princes

Dans les années 1960, Richard Bandler et John Grinder, deux psychologues californiens qui se demandaient pourquoi certains psychothérapeutes obtenaient de si bons résultats et d'autres non, ont pu étudier la façon dont trois d'entre eux travaillaient. Ils avaient choisi des cobayes remarquables : Fritz Perls était l'inventeur de la thérapie Gestalt, Virginia Satir était une pionnière de la thérapie familiale et Milton H. Erickson était un maître de la thérapie par l'hypnose.

Grinder et Bandler ont analysé leur manière de parler, leurs gestes et leurs mouvements d'yeux. Ils ont aussi interrogé certains de leurs patients. Les résultats ont été surprenants. Par les mouvements de leurs yeux, par leurs gestes et par le ton de leur voix, les patients donnaient souvent des indices de leur pensée inconsciente. Les thérapeutes remarquaient tous ces signes, mais sans réaliser ce qu'ils faisaient. Bandler et Grinder ont fini par mettre au point un guide très précis, *Frogs into Princes* (1990).

Une de leurs observations les plus remarquables est que la direction des yeux permet de savoir si la personne est en train de fabriquer une image ou d'en rappeler une à sa mémoire. Souvenir, ou construction ? Si la personne fabrique une image d'un événement, il est clair que cet événement ne s'est pas produit et que cette personne ment.

La figure ci-dessous représente les mouvements de base des yeux à partir desquels ces auteurs sont parvenus à leurs conclusions.

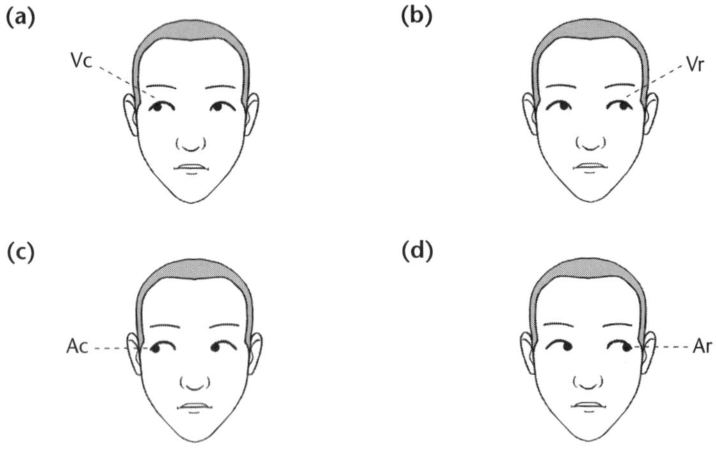

Figure 6.5 – Les indices liés au mouvement des yeux

Bandler et Grinder ont étudié la direction dans laquelle regarde un droitier « normalement constitué » quand on lui pose une question. Sur la base de leurs résultats, ils ont tiré les conclusions suivantes :

- Quand la personne *regarde en haut et vers la gauche* (par rapport à l'observateur), il s'agit d'une image *visuelle construite* (Vc). Si vous lui demandez d'imaginer une girafe rose couverte d'étoiles – ce qu'elle ne peut pas avoir déjà vu – ses yeux se déplaceront dans cette direction pendant qu'elle « construira » mentalement la girafe rose.

- Quand la personne *regarde en haut et vers la droite*, il s'agit d'une image *visuelle rappelée* (Vr). Si vous lui demandez de se rappeler la couleur de sa première voiture, ses yeux se déplaceront dans cette direction pendant qu'elle interrogera sa mémoire visuelle.
- Quand la personne *regarde vers la gauche*, il s'agit d'une image *auditive construite* (Ac). Si vous lui demandez d'essayer de créer dans sa tête le son le plus aigu possible, ses yeux se déplaceront dans cette direction pendant qu'elle essaiera de concevoir un son qu'elle n'a jamais entendu.
- Quand la personne *regarde vers la droite*, il s'agit d'une image *auditive rappelée* (Ar). Si vous lui demandez de se rappeler le timbre de voix de sa mère, ses yeux se déplaceront dans cette direction pendant qu'elle interrogera sa mémoire auditive.
- Chez les gauchers, la signification des regards est inversée.

Selon les spécialistes de la Programmation neurolinguistique (PNL), il est possible d'appliquer ces résultats pour détecter les mensonges. Ainsi, supposons par exemple que la fille d'une amie vous réclame un biscuit au chocolat et que vous lui demandiez : « Mais qu'est-ce que ta maman t'a dit, à propos du chocolat ? » Si ses yeux se déplacent vers la gauche, vous pouvez penser qu'elle invente une réponse car ses yeux recherchent une image ou un son « construit ». Au contraire, si ses yeux se déplacent vers la droite, c'est le signe que l'enfant se rappelle d'un son ou d'une image : elle vous dit la vérité.

Le magicien David Blaine a exploité ces résultats de la PNL, mais il explique qu'il n'est pas si facile de savoir si une personne ment en fonction de la position de ses yeux. Il évoque avec amusement une satire, à la télévision, montrant des « super » détectives qui déclarent « Le suspect a regardé vers là-bas et vers la gauche. Il est on ne peut plus coupable ! » Blaine ne cache pas que cette théorie est très décriée et que certains y voient « un tissu d'inepties », mais il ajoute que s'il doit en juger par sa propre expérience, ces techniques sont la plupart du temps valables.

L'avenir du contact visuel

La science du regard et du contact visuel n'est pas exacte, mais il se peut que dans un avenir proche, nous soyons capables de déterminer avec précision ce qu'une personne regarde et pendant combien de temps. Il nous suffit de prendre modèle sur les pilotes de chasse. Dans leur cockpit, tout en volant à deux fois la vitesse du son, ils regardent des images de synthèse qui s'affichent devant leurs yeux sur ce que l'on appelle des viseurs tête haute, qui leur donnent de nombreuses informations sur leurs cibles et les mouvements de celles-ci, etc. Ils sont les maîtres de tout ce qu'ils survolent.

Dans le futur, nous porterons des lunettes équipées de viseurs tête haute intégrés aux verres. Quand nous marcherons dans la rue – certes pas à la vitesse du son – nos lunettes « high-tech » nous chuchoterons à l'oreille « Homme à 150 degrés à l'est, le regard dirigé vers votre poitrine depuis trois secondes. »

Vous n'aurez qu'à chuchoter « Agrandir » pour pouvoir prendre une décision instantanée fondée sur une information à chaud. Est-il bel homme ? S'il est vraiment séduisant, vous pourrez lui dire sans ciller : « J'ai vu que vous me regardiez. »

Est-ce vraiment ce qui se produira ? Je le pense, d'autant que c'est déjà en partie la réalité. Dans la grande distribution, on emploie déjà des surveillants qui portent des lunettes spéciales équipées de micro-caméras transmettant l'image à un appareil d'enregistrement. Les employés ne savent pas qu'ils sont surveillés, mais rien de ce qu'ils font ne passe plus inaperçu.

Il est temps, à présent, de savoir si le poète avait raison de dire que les yeux sont le miroir de l'âme.

7
Ce que dit notre visage

L'enfer, c'est les autres, a dit Jean-Paul Sartre. Il me semble qu'il serait plus exact de dire que l'enfer, ce sont ceux qui savent lire dans vos pensées. Le meilleur moyen de savoir ce qu'une personne pense consiste à observer son visage. Chaque muscle du visage vous donne un indice, et les indices que vous pouvez ainsi recueillir sont valables aussi bien à Paris ou à New York qu'en Papouasie-Nouvelle-Guinée.

On a constaté que dans toutes les sociétés, les gens reconnaissaient sans difficulté six expressions émotionnelles fondamentales (voir figure 2.2, p. 41) :

- la joie,
- la tristesse,
- la peur,
- le dégoût,
- la surprise,
- la colère.

Nous savons parfaitement reconnaître la joie. Seuls quelques individus atteints de graves lésions cérébrales en sont incapables. Concernant les cinq autres expressions émotionnelles fondamentales, nous ne nous trompons généralement pas dans 80 % des cas.

Pourtant, ces expressions peuvent être très subtiles. Il nous est cependant plus difficile de savoir si une personne qui a l'air triste l'est réellement.

Dans ce chapitre, nous allons voir :

- comment les psychologues étudient les expressions du visage et comment reconnaître ce que ces expressions révèlent ;
- comment faire la différence entre un sourire sincère et un sourire hypocrite, et quelle est la signification d'un sourire découvrant les dents ;
- ce que signifient les mouvements de la tête et du visage ;
- ce que révèlent les oreilles et les dents : oui, vos dents peuvent permettre de savoir que vous êtes un tueur en série (plus sérieusement, le fait de grincer des dents est un bon indicateur d'anxiété) ;
- quelles régions du cerveau doivent être performantes si nous voulons comprendre ce qu'une personne ressent d'après l'expression de son visage.

Exercice – Détectez vous-même les expressions

Observez le visage de la personne qui vous fait face. Froncement de sourcils, relâchement, grimace, durcissement… combien d'expressions et de mouvements différents pouvez-vous remarquer en l'espace de cinq minutes ? Même pendant notre sommeil, nos yeux et notre visage sont animés de mouvements.

Les réactions de bébé

Il n'est rien d'aussi mignon, ni d'aussi ridicule, que le spectacle de parents penchés au-dessus du berceau qui s'extasient au moindre geste du bébé : « Il a souri ! Tu as vu comment il a souri ? » On voit parfois les bébés sourire dès les premières heures, mais les sceptiques diront que ce n'est pas la joie d'être né chez les Untel, dans telle ville. Si le bébé sourit, c'est plutôt parce qu'il vient de faire son rot.

Les parents ont vite fait de s'apercevoir que les chatouilles sont un excellent moyen d'obtenir un sourire ou un rire. En 1909, un psychologue, William Preyer, disait qu'il pouvait faire sourire et rire un bébé de 8 semaines en le chatouillant gentiment.

Le psychologue anglais C. W. Valentine (1970) écrivait qu'un de ses fils avait ri pour la première fois le vingt-neuvième jour après sa naissance. À l'âge de 5 mois, il souriait et poussait des cris de joie en tapant sur le piano. Valentine ne précise pas ce que lui-même ressentait alors, mais on peut parier qu'il souriait à son enfant.

Avec l'expérience, nous savons qu'il est possible, à l'instar de Richard III, de sourire et de « tuer tout en souriant ». À partir de 3 ans et demi environ, un enfant est capable de sourire de façon non sincère car il a vite fait d'apprendre qu'un sourire peut être payant.

Dans mes propres recherches, menées dans le cadre de la préparation de mon doctorat, j'ai noté qu'un garçon ou une fille de 3 ans qui venait de faire quelque chose de mal, comme frapper un autre enfant, pouvait très bien dire par exemple « Je suis vilain » avec un petit rire charmant l'instant d'après. Très souvent, cela fait sourire et l'enfant ne se fait pas beaucoup réprimander.

Souriez, et le monde vous sourira

Nous faisons davantage confiance aux personnes qui nous sourient (figure 7.1 en page suivante). Les serveurs souriants récoltent davantage de pourboires, et les hommes politiques qui sourient récoltent davantage de voix. Sur cinquante photos de George W. Bush et d'Al Gore choisies au hasard parmi celles prises lors des élections américaines de 2000, on voit le sourire naturel de Bush bien plus souvent que celui du lugubre Gore. Un sondage Gallup réalisé avant les élections montrait que le public accordait davantage de confiance à Bush qu'à Gore. Évidemment, on pourrait dire que cela nous a coûté cher.

Figure 7.1 – Le sourire qui inspire confiance

Souriez, et non seulement on vous sourira, mais on votera pour vous et vous recevrez de l'argent. Rares sont les mendiants qui l'ont compris. Je leur donne toujours un peu de monnaie, car finir à la rue est quelque chose qui pourrait arriver à n'importe lequel d'entre nous, mais ces handicapés du langage corporel ne vous sourient qu'une fois que vous leur avez donné la pièce.

Nous sommes donc confrontés à un dilemme. Comment pouvons-nous savoir si un sourire est sincère ou s'il ne s'agit que d'un stratagème pour nous flouer ?

L'histoire des recherches qui ont été faites sur le sourire est intéressante. Elle commence il y a près de 150 ans avec un médecin français, Guillaume Duchenne, dont le disciple Jean-Martin Charcot a eu Freud pour élève, lequel a écrit un ouvrage sur les plaisanteries.

On doit à un psychologue américain, Paul Ekman, un des ouvrages les plus intéressants de notre époque sur les sourires sincères et simulés. Ekman a consacré une bonne partie de sa carrière à inventorier toutes les expressions que pouvait prendre un visage humain et à en déchiffrer le sens.

Exercice – Et si l'on souriait pour voir ?

Allez au travail en souriant. Un autre jour, allez au travail sans sourire.

L'attitude des gens à votre égard ne change-t-elle pas ? Quelqu'un vous a-t-il demandé pourquoi vous étiez si souriant ?

La codification des expressions faciales

Ekman et son collègue Wallace Friesen (1982) ont constitué une carte des expressions faciales permettant de décomposer tout mouvement du visage en « unités d'action » (UA), en fonction des muscles concernés.

Faute de trouver un collaborateur disposé à exprimer pendant plusieurs jours toutes sortes de sentiments sur son visage, ils se sont résolus à être eux-mêmes les sujets de leur étude. Grâce à eux, nous savons maintenant quels muscles il faut contracter pour produire plusieurs milliers d'expressions possibles du visage.

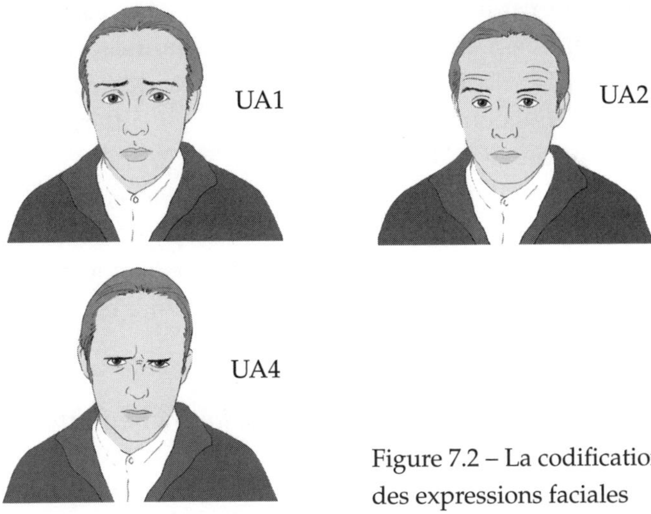

Figure 7.2 – La codification des expressions faciales

Ces auteurs ont défini ce qu'ils ont appelé un système de codification des actions faciales (FACS). La figure de la page précédente donne un aperçu du niveau de détail de leurs travaux.

Dans la région du sourcil, ils ont défini trois unités d'action. UA1 (action du *frontalis* intérieur) consiste à relever les sourcils au niveau du nez, des rides se formant alors au milieu des sourcils. UA2 (action du *frontalis* extérieur) consiste à relever la partie extérieure des sourcils, des rides se formant sur le côté. UA4 (action du *procerus*, des *corrugators* et du *depressor supercilii*) consiste à abaisser et à rapprocher les sourcils, des rides verticales se formant entre les deux sourcils et des rides horizontales se formant près du *nasion*. Ces différentes unités d'action peuvent se combiner pour former une expression faciale.

Ekman et Friesen ont été surpris par ce qu'ils ont découvert. Au XIXe siècle, Duchenne avait évoqué l'importance d'un muscle facial, le *grand zygomatique*, mais il n'avait jamais poussé ses recherches jusqu'à une conclusion définitive. Ekman et Friesen ont constaté que le GZ, comme je l'appellerai maintenant, était un véritable indice de vérité car il n'intervient jamais dans l'expression d'une émotion négative. Les autres muscles sont moins fiables de ce point de vue. Le *corrugator*, par exemple (quel nom !) peut être le support de plusieurs messages émotionnels différents : joie, tristesse et même dégoût.

Un sourire élargi met en jeu le *grand zygomatique*, le *petit zygomatique*, le *buccinator*, le *risorius* et le *caninus*. Cependant, la question essentielle à se poser est de savoir si la personne qui sourit utilise le GZ. Si oui, son sourire est sincère. Sinon, c'est à peu près certain qu'il ne l'est pas.

Exercice – Mettez votre *grand zygomatique* à l'épreuve

Regardez-vous dans une glace. Souriez et observez votre propre GZ et tous ses mouvements.

Racontez une histoire drôle à votre meilleur ami et observez son visage. Son GZ bouge-t-il ?

Racontez-lui une mauvaise blague et observez.

En cent cinquante ans de recherches sur le sourire, personne n'a posé deux questions qui sont pourtant essentielles. Premièrement, les personnes machiavéliques utilisent-elles leur *grand zygomatique* quand elles sourient ? Deuxièmement, nous avons vu que les bébés commençaient à sourire vers l'âge de 2 mois, mais à quel âge un bébé commence-t-il à se servir de son GZ ?

Lors des expériences menées par Ekman et Friesen (1982), lorsque les sujets utilisaient leur GZ, ils disaient qu'ils se sentaient joyeux. Entre les autres muscles entrant en jeu dans le sourire et ce que les sujets ressentaient, les chercheurs n'ont pas constaté le même lien. Plus le GZ est actif et plus le sourire est sincère.

Recherchant d'autres possibilités, les psychologues ont aussi étudié ce qui se produisait quand le sourire était moins spontané. Dans un premier temps, on a fait écouter des blagues à trente-six enfants, garçons et filles. Dans un second temps, on leur a montré des expressions des visages à la télévision et on leur a demandé de les imiter. En écoutant les blagues, les enfants ont souri spontanément mais quand on leur a demandé d'imiter les sourires qu'ils voyaient sur l'écran, ils ont souri d'une manière moins naturelle. La différence était visible au niveau de l'utilisation des muscles et plus particulièrement du GZ, bien moins sollicité dans le second cas.

Quand les sujets sourient sur commande, on observe aussi davantage de mouvements asymétriques. La raison à cela est complexe, mais une chose est claire : un sourire affecté, sans cause sous-jacente, sollicite moins la moitié gauche du visage, laquelle dépend du lobe droit du cerveau (et inversement pour les gauchers). Pour résumer quarante ans de recherches sur le cerveau, il s'agit de la moitié du cerveau correspondant à l'émotionnel. Elle est moins capable de simuler que l'autre, qui correspond aux facultés rationnelles. Un sourire affecté se formera donc moins harmonieusement sur le visage qu'un sourire sincère.

Il ne s'agit pas du seul indice auquel on puisse se fier. Pour juger de la sincérité d'un sourire, on peut aussi comparer l'expression de la bouche à celle des yeux. Si, par exemple, les yeux sont dirigés vers le bas ou vers le côté, le sourire paraîtra moins sincère.

Exercice – Entraînez-vous à reconnaître les émotions

Nous sommes ici plus proches de la comédie que de la science. Réunissez un groupe d'amis. En silence, chacun devra afficher une émotion à tour de rôle : joie, tristesse, colère, dégoût, peur ou surprise. Les autres devront identifier l'émotion exprimée.

- *La joie.* Elle doit être parfaite, et tout le monde sait la reconnaître.
- *La tristesse.* En général, 80 % des gens la reconnaissent.
- *La colère.* Si 80 % des gens la reconnaissent, nous savons généralement moins bien en détecter les signes avant-coureurs, par exemple un abaissement des sourcils. En apprenant à le faire, vous deviendrez capable d'éviter les disputes.
- *La peur.* D'après Ekman et Friesen, les gens reconnaissent la peur sur une photo dans 80 % des cas.
- *Le dégoût.* Nous reconnaissons aussi le dégoût dans 80 % des cas.
- *La surprise.* D'après Ekman et Friesen, les expressions de surprise sont fugaces et difficiles à détecter en temps réel.

Les expressions de dégoût ont récemment fait l'objet d'intéressantes recherches, menées sur des sujets porteurs du gène de la chorée de Huntington. Il a été montré que les personnes affectées par ce gène avaient des difficultés à reconnaître les expressions de dégoût, et que cela se vérifiait aussi bien en Occident qu'en Chine. Un scientifique allemand, Andreas Hennenlotter (2005), a constaté que ces personnes présentaient une lésion au niveau d'une minuscule partie du cortex, l'insula dorsale gauche. Il a ainsi montré le degré d'organisation de notre cerveau pour la reconnaissance des expressions émotionnelles.

Enfin, Hennenlotter affirme avoir identifié dans le cerveau un autre circuit qui contrôlerait la reconnaissance de la surprise, au niveau du lobe temporal médian. Sa localisation n'est pas sans importance pour les neuroscientifiques, mais ce qui est étonnant, pour les non-initiés, c'est d'envisager que notre perception de la surprise d'autrui dépend du bon fonctionnement d'une zone de notre cortex mesurant à peine un millimètre.

L'altruisme

Pour terminer ce chapitre, je voudrais étudier un trait de personnalité dont vous n'auriez sans doute pas pensé qu'on pourrait le déceler grâce au langage corporel.

Selon quatre psychologues canadiens, il serait possible de mesurer l'altruisme des gens simplement en les observant. Ils ont demandé à des sujets de lire pendant une minute un extrait du *Petit chaperon rouge*, pendant que d'autres sujets devaient les observer. Sans le savoir, ces derniers se sont focalisés sur quatre aspects du langage corporel :

1. la largeur du sourire ;
2. les plis du front ;
3. la durée du sourire ;
4. la symétrie du sourire.

Ce sont quatre éléments qui échappent au contrôle conscient, encore que certains individus soient capables de produire volontairement une ride frontale.

Ces chercheurs se sont aussi intéressés aux indices non verbaux qui étaient contrôlables et difficiles à simuler. C'est en observant le premier de ces indices, vous vous en souvenez peut-être, que Joe Navarro avait conclu que Madonna mentait. Les indices en question étaient les suivants :

- les battements de cils et l'élévation des sourcils ;
- les hochements de tête ;
- les sourires francs.

Ils ont observé bien davantage de froncements, de hochements de tête, des sourires plus brefs et plus symétriques chez les altruistes autoproclamés que chez les autres, autant de signes difficiles à simuler car ils sont liés à des expressions émotionnelles spontanées. Par ailleurs, la largeur du sourire n'est pas du tout un bon indicateur, contrairement à ce que l'on pourrait croire. Un sourire qui vient du cœur ne dure qu'un instant. Les sourires qui se prolongent dans le temps sont des sourires forcés. Si les sourires des altruistes sont plus symétriques, c'est sans doute parce qu'il y a chez eux moins de conflit entre l'hémisphère rationnel et l'hémisphère émotionnel.

Je me suis intéressé longuement à ces recherches parce qu'elles sont un exemple marquant de la façon dont il est possible d'analyser des aspects complexes de la personnalité d'un individu en observant son visage.

8
Le langage corporel en action

Élisabeth Ire d'Angleterre était devenue reine en 1558. À sa mort, en 1603, elle avait vu passer le roi d'Espagne, l'invincible Armada et toute une cohorte de prétendants. Elle aura été adorée et admirée par ses sujets à une époque où les postes à responsabilité n'étaient pas habituellement confiés à des femmes.

Le contraste avec la reine Victoria, trois cents ans plus tard, est frappant. Dépréciée, déprimée depuis la mort de son bien-aimé mari Albert en 1859, elle ne paraîtra presque plus en public. Les représentations que nous avons d'elle sont celles d'une personne plutôt terne. Son Premier ministre favori, Disraeli, avait fini par la convaincre de se montrer davantage à ses sujets. C'est ce qui lui a valu progressivement un regain de popularité.

Quelle aura été la principale différence entre ces deux reines ? D'une part, Élisabeth maîtrisait très bien le langage corporel et faisait preuve d'une grande perspicacité, comme l'indique un fameux discours qu'elle avait prononcé à Tilbury : « Je sais que mon corps est celui d'une faible femme, mais j'ai le cœur et l'estomac d'un roi, et d'un roi d'Angleterre – et je me moque que le Duc de Parme ou n'importe quel prince d'Europe ose envahir les rivages de mon royaume. En cette occasion, je préfère risquer mon sang royal que d'encourir le déshonneur. C'est moi qui vais être votre général et votre juge au moment de récompenser votre valeur sur le champ de bataille. »

Les discours d'Élisabeth, comme son port à cheval, étaient l'image même de la majesté : l'absolu opposé d'une faible femme. Elle était faite pour le pouvoir autant que pouvait l'être une femme du XVIe siècle.

De tels exemples historiques ne sont pas sans pertinence par rapport au monde du travail actuel, où il importe de maîtriser son langage corporel et de dégager assurance et confiance en soi. Dans ce chapitre, je traite des recherches sur les sujets suivants :

- comment présenter le meilleur langage corporel lors d'un entretien ;
- comment analyser le langage corporel de votre patron ;
- comment analyser le langage corporel de vos collègues ;
- comment vous tenir pendant les réunions ;
- comment briller par votre charisme et par vos qualités de chef ;
- comment vous conduire dans une situation difficile ou quand vous êtes jugé.

Il est cependant un sujet que je m'abstiens de traiter : le langage corporel du vendeur. Dans les publications antérieures sur le langage du corps, on traite de ce sujet jusqu'à l'obsession, avec d'innombrables conseils pour gagner la confiance des gens et leur vendre des encyclopédies ou des aspirateurs. Je travaille souvent chez moi et, depuis vingt-cinq ans, je n'ai jamais reçu la visite d'un seul de ces vendeurs d'une encyclopédie censée changer ma vie. La vente a bien évolué depuis. Les démarcheurs sévissent désormais au téléphone ou sur Internet. Dans ce dernier cas, ils peuvent même vous influencer tout en passant inaperçus.

Le chef de la meute

Chez les animaux, surtout les animaux sociaux, par exemple les loups, les chiens et les grands singes, l'individu le plus fort du groupe se fait reconnaître sans réelle violence. Si le chef de meute maltraitait ses semblables, la meute deviendrait rapidement vulnérable. Les animaux ont su mettre au point des rituels permettant de montrer qui doit dominer les autres sans qu'il y ait la moindre effusion de sang.

Le mâle dominant est souvent plus grand que les autres. L'animal soumis le sait et accepte sa place sans vraiment lutter. Souvent, l'animal faible offre au plus fort un côté vulnérable de son corps, comme son cou, par exemple.

Figure 8.1 – La dominance et la soumission chez les loups

Le chef de la meute ne mordra pas le cou qui lui est offert, car cette posture suffit à lui montrer que son statut est reconnu. Ainsi, dans la concurrence pour obtenir les femelles les plus séduisantes ou les meilleurs morceaux de viande, il n'y a ni mort ni blessé.

Chez les humains, on n'a pas cette sagesse et l'on se bat sans cesse, pour des raisons tantôt sérieuses, tantôt triviales. Pendant près d'un siècle, la France, le Mexique et les États-Unis se sont fait la guerre pour une toute petite île du Pacifique, Clipperton, dont la seule ressource était le guano (la fiente des oiseaux). Au Moyen Âge, on s'entre-tuait pour décider si les hommes pouvaient porter la barbe.

Le seigneur de la banque

En 1975, désirant que ma banque m'accorde un découvert, j'étais allé voir le tout puissant directeur de mon agence bancaire. Un employé m'avait conduit à son repaire, il avait ouvert la porte et m'avait invité à entrer. Le directeur était assis derrière son somptueux bureau, dans une pièce non moins somptueuse. Je ne lui avais pas offert mon cou, mais je me rappelle que je m'étais senti tendu et que je m'étais efforcé de produire la meilleure impression possible.

Trente ans plus tard, revenant pour négocier mes conditions bancaires, je vois ma nouvelle directrice d'agence émerger d'un bureau en *open space* : elle n'avait même pas son propre bureau. Oui, nous avons maintenant des femmes directrices de banques, mais la mienne, quand elle reçoit un client, doit se contenter de partager un bureau dans un petit box et il n'y a personne pour apporter le café. Son environnement de travail comme son langage corporel m'indiquent qu'entre les pouvoirs dont elle dispose et ceux de ses prédécesseurs autrefois, il y a un monde.

Il n'y a pas si longtemps, il entrait dans les attributions des directeurs de banque de décider quel client représentait un risque à prendre et quel client représentait un risque à ne pas prendre. C'étaient des maîtres du langage du corps et de la fixation du regard. Un jour, j'étais ressorti en sueur du bureau de mon banquier parce qu'il m'avait reproché de toujours frôler les limites de mon découvert autorisé, et de les franchir quelquefois. Je m'étais efforcé de ne pas trahir ma tension pour ne pas faire mauvaise impression.

À cette époque, seules les décisions les plus importantes justifiaient qu'ils en réfèrent à leurs supérieurs au siège. Le statut des directeurs d'agence actuels est bien moins prestigieux. Pratiquement toutes les décisions d'octroi de prêt sont centralisées et confiées au système informatique de la banque qui analyse votre historique, consulte votre notation de crédit et produit une réponse qui est soit oui, soit non.

La différence en termes d'espace de travail reflète la perte de statut. En 1975, un directeur d'agence avait du pouvoir, des assistants à sa disposition pour servir le thé ou le café et un bureau impressionnant. En 2007, plus de bureau, plus d'assistants et plus beaucoup de pouvoir.

Les temps ont changé et une évolution qui affecte particulièrement la plupart d'entre nous est que la relative sécurité d'emploi dont bénéficiaient les salariés autrefois a disparu. De fait, nous risquons bien plus souvent de devoir chercher un nouveau travail.

Le langage du corps pendant un entretien d'embauche

Chaque année, des milliers de candidats passent des entretiens d'embauche. Que ce soit pour travailler comme chef de rayon dans un supermarché ou pour obtenir un poste de cadre dans la finance, le langage corporel joue un rôle essentiel.

On considère souvent qu'il faut se montrer soumis et ne pas donner l'impression d'avoir un caractère dominant ou rigide. Il est vrai que le candidat est en position de demandeur.

Selon certains spécialistes, il convient d'alimenter l'entretien avec un *feedback* positif. Certains sites Web spécialisés vous conseillent de vous tenir légèrement penché en avant afin de projeter l'intérêt et l'engagement dans l'interaction. Il est aussi judicieux de calquer la position de votre corps sur celle de votre interlocuteur, car c'est un signe d'admiration et d'accord. Flatter pour décrocher le poste…

Autre conseil : montrez votre enthousiasme en gardant l'expression de quelqu'un d'intéressé. Hochez la tête et faites des gestes positifs avec modération, mais évitez de ressembler à un pantin.

Enfin, de façon quelque peu étrange, il est conseillé de se tenir droit et de sourire, même s'il s'agit d'un entretien téléphonique. Debout, vous êtes plus alerte et cela vous permet de vous impliquer davantage dans la conversation.

Figure 8.2 – Une posture calquée sur celle de l'interlocuteur

Ce qu'il faut éviter

- Ne vous frottez pas le cou : cela indiquerait que vous êtes désinvolte ou que vous avez quelque chose à cacher.
- Ne vous frottez pas le nez : c'est désagréable et cela laisse penser que vous mentez.
- Ne frottez aucune autre partie de votre anatomie : ce serait pire encore.

- Ne bougez pas vos jambes ni vos genoux : c'est un signe de tension et un interlocuteur ayant travaillé dans la police pourrait vous soupçonner d'avoir un passé de délinquant.
- Ne regardez pas votre interlocuteur avec des yeux vides : vous donneriez l'impression que vous avez la tête vide également.

Le problème avec ces conseils, et surtout celui de paraître soumis, c'est qu'ils ne tiennent pas compte du type de travail pour lequel vous postulez. Si vous cherchez à devenir assistant comptable au sein d'une grande structure, le conseil est sans doute pertinent, mais s'il s'agit d'encadrer une équipe et de devoir prendre des décisions, un recruteur compétent risque de considérer qu'avec votre attitude soumise et docile, vous ne ferez pas l'affaire.

Par conséquent, avant de décider quels messages vous voulez transmettre à vos recruteurs, réfléchissez aux exigences réelles du poste à pourvoir.

Il existe aussi trois sortes de messages non verbaux qu'il est toujours bon d'émettre :

1. Accordez toute votre attention au recruteur, en appliquant tout ce qui a été dit jusqu'ici. C'est ce que faisait le célèbre thérapeute Carl Rogers vis-à-vis de ses patients.
2. Appliquez avec mesure le principe de l'adaptation de la posture à celle de l'interlocuteur – n'en faites pas trop.
3. Il n'y a généralement pas d'inconvénient à faire preuve d'un peu d'enthousiasme, à la fois sous forme verbale et non verbale.

Ensuite, que votre entretien soit réussi ou non, demandez au recruteur quelles ont été ses impressions. Aujourd'hui, la plupart des employeurs et des recruteurs vous l'accorderont. Il peut être pénible d'entendre le recruteur vous expliquer que vous vous êtes exprimé de façon hésitante ou que vous avez eu l'air embarrassé quand on vous a posé des questions un peu plus difficiles, mais ce retour vous apportera des informations vitales sur la façon dont vous êtes perçu et sur ce que vous devez faire pour mieux réussir votre prochain entretien. Même si vous êtes recruté, demandez ce *feedback*. Ce sont les gens avec qui vous devrez travailler, il faut donc que vous sachiez quelle image ils ont de vous.

Conseil

Montrez de la constance dans la manière dont vous vous présentez. Ne changez pas de personnalité entre deux réponses, à moins de pouvoir le justifier. Un bon recruteur aura vite fait de repérer ce genre de contradiction.

Un certain nombre de sites Internet conseillent aussi aux candidats de ne pas abuser de l'eau de Cologne et autres parfums. Un parfum trop présent peut déclencher une allergie, et ce n'est pas en donnant mal au crâne à votre recruteur que vous le disposerez en votre faveur (voir par exemple www.carreerbuilder.com).

Illustration : le CV mensonger

J'ai nettement pris conscience de la façon dont les contradictions pouvaient nuire à l'image d'un candidat le jour où l'on m'a demandé de filmer des candidats au poste de dirigeant d'une société de taille moyenne. Le cabinet de recrutement voulait savoir comment ces candidats se comporteraient s'ils étaient interviewés par la presse. Les résultats ont été instructifs.

Deux candidats sont devenus très nerveux. Le premier était une femme qui portait une robe orange et dont les cheveux étaient teints de la même couleur : je me suis dit que son apparence la discréditait complètement.

Mais c'est le langage corporel erratique du deuxième candidat qui m'a le plus intéressé. Il se penchait en arrière et son regard perdu donnait l'impression qu'il était plongé dans des pensées profondes. Soudain, il se ressaisissait, se penchait en avant, me

➔

souriait intensément et s'animait, soulignant certains points de son discours à l'aide de son index brandi. Enfin, ayant libéré son trop-plein d'énergie, il se renfoncait dans son siège, se passait les mains dans les cheveux et évitait mon regard.
J'étais perplexe. Son langage corporel semblait contredire son excellent CV. Il était hyperanxieux et semblait avoir des difficultés à fixer son attention. Ses mouvements brusques laissaient penser qu'il risquait d'être un chef brutal. Par la suite, j'ai su que son CV était mensonger et qu'on l'avait obligé à démissionner de son dernier poste. Il n'avait pas joué franc-jeu à ce propos.

Une fois que vous êtes en poste

Une fois que vous avez décroché le poste, il s'agit d'avoir une vision claire de l'entreprise qui vous emploie. À quoi ressemble-t-elle ? C'est là que le langage corporel de votre patron et celui de vos collègues peuvent être très révélateurs. La première chose à faire, très importante, est de définir le style de management exercé par la personne à qui vous devez rendre compte de votre travail.

Daniel Goleman, dans un article intitulé « Leadership That Gets Results » (2002) (*Harvard Business Review*), donne sur ce point de précieuses indications. Il décrit six styles de management : les styles coercitif, autoritaire, affectif, démocratique, meneur, coach.

- Le leader coercitif exige d'être obéi immédiatement et ne tolère aucune dissidence.
- Le leader autoritaire cherche à faire partager sa vision et rayonne de confiance en lui-même, mais il veut que les choses soient faites selon sa propre façon de faire.
- Le leader affectif crée des liens. Il pense que l'harmonie dans les relations est ce qui produira les meilleurs résultats.
- Le leader démocratique recherche le consensus. Il demande aux autres leur avis et privilégie la collaboration.

- Le leader meneur fixe un niveau élevé de performance et se soucie peu d'éviter de contrarier et de blesser les autres.
- Le leader coach, ou leader pédagogue, aime diriger, guider et aider.

Un chef intelligent alterne ces différents styles de management en fonction des circonstances, sauf que, selon Goleman, on ne doit jamais être coercitif. Les meilleurs résultats, aussi bien en termes de performance qu'en termes de relations de travail, sont obtenus par les chefs qui alternent facilement les styles autoritaire, démocratique, affectif et pédagogique.

Comment caractérisez-vous le style de votre patron ?

Exercice – Observez votre patron

Observez votre patron ou supérieur hiérarchique et évaluez-le en fonction des critères suivants (répondez d'abord par « oui » ou par « non »).

Questions

1. Permet-il à chacun de s'exprimer à tour de rôle ?
2. Laisse-t-il généralement la porte de son bureau ouverte, sauf s'il a une bonne raison de s'isoler ?
3. Se ronge-t-il les ongles, ou a-t-il tendance à se gratter quelque part ?
4. A-t-il tendance à envahir l'espace individuel des autres ? (À l'extrême, il pourrait s'asseoir sur votre bureau quand il vient vous voir ; cas moins extrême, regarder par-dessus votre épaule pendant que vous travaillez.)
5. Fait-il le tour des bureaux pour voir ce que font ses collaborateurs ?
6. Flirte-t-il avec certain(e)s de ses subordonné(e)s ?
7. Quand il vous écoute, se penche-t-il vers vous, hoche-t-il la tête pour ponctuer ou approuver ce que vous dites, et vous regarde-t-il dans les yeux ?
8. Montre-t-il régulièrement des signes d'impatience ?

9. Sait-il complimenter ? Quand un problème survient, est-il capable d'en discuter calmement ?
10. Quand la direction est sur le point de procéder à une évaluation de la performance de votre équipe, partage-t-il ses inquiétudes avec vous ?

Réponses

Si vous avez répondu « oui » aux questions 1, 2, 7, 9 et 10, il semble que votre patron soit un bon manager.

Si vous avez répondu « oui » aux questions 3, 4, 5, 6 et 8, il essaie sans doute de compenser une grande anxiété par un comportement agressif et brutal envers ses subordonnés.

Si vous avez répondu « non » à la majorité des questions 1, 2, 7, 9 et 10 et « oui » à la majorité des questions 3, 4, 5, 6 et 8, l'ambiance de travail dans laquelle vous baignez ne doit pas être réjouissante.

Les mauvais chefs se trahissent non seulement par leurs paroles et par leurs notes de service, mais aussi par leur langage corporel. Ils montrent leur lassitude en se curant les ongles ou en éliminant des saletés imaginaires de leurs vêtements. Selon des spécialistes du comportement, ce sont là deux variantes de la manie de se trémousser.

L'enfer à 360 degrés

Dans le passé, la marge de manœuvre des salariés ayant un mauvais chef était très réduite. Cependant, les choses ont évolué, en partie grâce à la méthode d'évaluation à 360 degrés, qui consiste à faire évaluer un cadre non seulement par ses supérieurs mais aussi par ses pairs et par ses subordonnés. L'évaluation porte sur le langage corporel de la personne autant que sur la perception que l'on a de sa compétence. Cette nouvelle technique met les patrons à rude épreuve. Je connais un dirigeant de société qui était tombé des nues en s'apercevant que ses salariés le considéraient comme quelqu'un de négligent et de paresseux. Il a pris sa retraite peu de temps après.

Si vous vous sentez d'humeur plutôt mauvaise, vous prendrez surtout note de tout ce que la personne fera de pire. Ce serait certes assez méchant, mais les tensions au travail peuvent très bien engendrer ce genre d'attitude. Cependant, compte tenu du recours de plus en plus fréquent à la méthode d'évaluation à 360 degrés, vous risquez vous aussi d'être évalué. Par conséquent, soignez la façon dont vous vous présentez à vos supérieurs et à vos subordonnés.

L'espace de travail

Sur votre lieu de travail, une de vos principales armes est votre espace de travail. Un bon réceptionniste, par exemple, gère son poste de travail comme un douanier gère une frontière. S'il ne vous donne pas le feu vert, vous ne passerez pas.

Votre bureau, c'est votre territoire. Fondamentalement, les spécialistes ont défini trois manières de disposer un bureau :

- dans un coin, de façon à voir tout ce qui se passe et à être protégé sur trois côtés (comme en page suivante) ;
- face à la fenêtre, de telle sorte que vos visiteurs vous voient de dos en entrant ;
- au centre, de telle sorte que vos visiteurs puissent se placer en face de vous mais aussi sur le côté de votre bureau.

La première position vous permet de contrôler l'espace et de protéger à la fois votre dos et les deux côtés. La deuxième position est la plus vulnérable, car pour profiter de la vue que vous offre la fenêtre, vous renoncez à voir ce qui se passe dans la pièce. La troisième position constitue un compromis : vous voyez ce qui se passe et vous laissez de l'espace à vos visiteurs.

Figure 8.3 – Installé dans un coin

Des innovations comme les bureaux en *open space*, les centres d'appels et le travail à domicile donnent du grain à moudre à ceux qui effectuent des recherches sur le langage corporel, mais un certain nombre de règles relatives au langage du corps sur le lieu de travail sont très anciennes et restent valables.

Le langage du corps en réunion

Les réunions sont aujourd'hui une des plaies du monde du travail. En général, on y échange des lieux communs formulés dans un épouvantable jargon propre à l'entreprise ou au secteur auquel elle appartient.

Au moins la communication non verbale est-elle plus simple et plus claire que n'importe quel jargon spécialisé. Il importe de convaincre sans indisposer, et la posture comme le temps utilisé sont déterminants. Ne vous affalez pas. Restez assis bien droit, et prenez des notes. Pendant que les autres parlent, suivez-les du regard. Efforcez-vous aussi de ressentir l'état d'esprit de la réunion et de vous y adapter. Pour ce faire, fiez-vous au langage corporel des participants. Vous serez bien inspiré de ne pas chercher la confrontation si vous observez des exemples de déplacement, de l'agitation ou des signes classiques de tension, par exemple si certains participants sont assis les bras croisés ou se frottent la nuque.

Figure 8.4 – Le langage corporel en réunion

Si vous avez de l'ambition, votre projet est sûrement de monter en grade. Naturellement, les responsables des ressources humaines étudieront votre parcours dans sa globalité. Si vous vous comportez comme un meneur d'hommes sans incommoder les autres par des débordements d'ambition, cela jouera en votre faveur.

À ce stade, vous devriez avoir une idée de l'image qu'il vous faut projeter pour mettre votre entourage dans des dispositions favorables.

Exercice – Feriez-vous un bon patron ?

Notez sept choses que vous pourriez faire pour convaincre vos collègues de travail que vous feriez un bon patron.

S'il se trouve parmi vos collègues une personne de confiance, et surtout une personne qui ne vous trahira pas si vous lui faites part de vos ambitions, discutez-en avec elle et adaptez votre approche en fonction de ses remarques.

Respirez profondément et réfléchissez aux risques que vous allez prendre, puis avancez progressivement vos pions en restant attentif aux réactions des autres.

Une femme comme patron

Des études publiées par le site Internet Badbossology (www.badbossology.com), qui recense les éléments caractérisant un bon ou un mauvais patron, montrent que les hommes de plus de 45 ans acceptent difficilement d'avoir une femme comme supérieur hiérarchique. Ceci s'explique par l'image de la femme soumise qui a longtemps prédominé. Cette inversion des rôles en faveur du « sexe faible » n'est pas sans engendrer des problèmes.

Conseil

Tâchez d'oublier que votre patron est une femme et comportez-vous comme si elle était un homme.

Cependant, nous nous trouvons au cœur d'un certain nombre de bouleversements sociaux, ce qui crée parfois une certaine confusion. Ainsi, un article paru dans le magazine *Woman* parlait des hommes qui ont une relation avec une femme carriériste. D'après cet article, ces femmes savaient dominer leurs subalternes au bureau, mais de retour à la maison, elles éprouvaient le besoin de se détendre, ce qui signifiait se soumettre à leur compagnon et subalterne – surtout au lit. C'est d'ailleurs bien sexiste, comme genre de révélation, pour un magazine féminin.

Stress maximum : l'étrange exemple de l'intention paradoxale

Lors des entretiens d'évaluation (comme dans un certain nombre d'autres situations problématiques), le langage corporel joue un rôle déterminant. Si vous faites l'objet de critiques ou, pire, si vous vous retrouvez par exemple devant un conseil disciplinaire, il faut que vous donniez le sentiment que vous avez une certaine confiance en vous. Cela signifie non pas que vous ne devrez jamais vous excuser, mais que vous ne devez pas paraître rongé par l'anxiété, quand bien même vous avez de bonnes raisons de l'être.

En premier lieu, il s'agit naturellement d'essayer de vous détendre avant la réunion. C'est plus facile à dire qu'à faire, mais il peut être utile de demander à un collègue ou à un ami de vous préciser quels signes trahissent votre nervosité.

Mon deuxième conseil est plus surprenant. Ne vous appliquez pas nécessairement à supprimer vos tics et autres gestes parasites quand vous vous préparez à une réunion qui promet d'être stressante. Optez plutôt pour ce que l'on appelle l'intention paradoxale. Je m'explique.

Illustration

L'histoire qui suit est celle d'un fonctionnaire d'un pays d'Europe de l'Est. Lorsque cet homme a pris sa retraite dans la campagne dont il était originaire, il n'a pas tardé à faire sensation dans le village. Un jeune homme allait chaque matin lui rendre visite et ressortait de chez lui au bout d'une minute ou deux. Intrigués, les villageois l'ont interrogé. Il leur a expliqué qu'il était payé pour aller tous les matins frapper à la porte de sa chambre et crier « Le secrétaire d'État voudrait vous parler », et l'homme répondait : « Qu'il aille au diable, le secrétaire d'État ! » →

Après avoir été obligé pendant des années de courber l'échine devant son supérieur, ce fonctionnaire avait maintenant trouvé un moyen de prendre sa revanche. Ce faisant, il utilisait, probablement sans le savoir, une variante de ce que l'on appelle l'« intention paradoxale ».

Un psychanalyste subtil, Viktor Frankl, affirmait qu'il était inutile de passer plusieurs mois sur un divan pour se guérir. Si l'on se sent déprimé, le mieux est d'être consciemment le plus déprimé possible. Si l'on est anxieux, il convient de se livrer tout entier à son anxiété. Selon Frankl, c'est paradoxalement le fait de pousser son état jusqu'à ses limites qui permet de se sentir moins déprimé ou moins anxieux. Frankl avait intégré avec succès cette technique dans la thérapie qu'il pratiquait.

Dans le domaine du langage corporel, il est possible d'appliquer les idées de Frankl. La méthode est simple a priori. Tout d'abord, il s'agit d'identifier les signes indiquant que vous êtes stressé. Supposons que vous ayez conscience du fait que vous vous agitez et que vous soupirez quand vous êtes anxieux, et que ce soit précisément le cas à l'approche de cet entretien d'évaluation redouté. Respirez profondément et tentez cette thérapie paradoxale.

Votre problème est que vous gigotez ? Vous n'avez pas encore essayé de gigoter vraiment. Pendant combien de temps pouvez-vous gigoter ? Voyons cela. Vous devez pouvoir mieux faire. Il faut bouger les doigts, les orteils et les genoux, jusqu'à ce qu'il soit impossible de gigoter davantage. Répétez l'exercice avec les soupirs. Soupirez, encore et encore, n'arrêtez pas. Peut-être allez-vous vous apercevoir que vous ne pouvez pas soupirer pendant beaucoup plus de cinq minutes.

Quels autres signes de nervosité vous gênent habituellement ? Reproduisez-les autant de fois que possible. Cette technique ne vous permettra pas de remédier aux causes mêmes de votre stress, mais elle vous permettra d'exercer un certain contrôle sur vos réactions. Elle aura aussi le mérite de vous dérider !

Le rire est souvent le meilleur remède. Très curieusement, peu d'études ont été consacrées au langage corporel associé au rire. Pourtant, le rire secoue bel et bien le corps. Il n'existe que quatre situations dans lesquelles nous perdons le contrôle de notre corps. Nous le perdons non pas quand nous parlons, mais quand nous rions, quand nous éternuons, quand nous avons un orgasme et quand nous sommes dans une détresse extrême.

En 1955, un psychanalyste avait raconté l'histoire d'un garçon de 6 ans qui ne pouvait pas s'arrêter de rire. En 1982, le *Lancet* faisait remarquer, avec un mélange d'inquiétude et d'amusement, que 25 % des élèves infirmières reconnaissaient avoir déjà eu un fou rire incontrôlable. De façon plus positive, quand on rit, on libère dans le cerveau des substances euphorisantes. Par conséquent, sachez rire de ces éléments de votre langage corporel qui signaleraient votre nervosité. Cela vous permettra ensuite d'envisager votre entretien avec plus de sérénité.

La maîtrise de votre propre langage corporel vous sera aussi utile dans la résolution de vos problèmes de travail au quotidien.

Conseils

Voici quelques idées pour vous préparer à ces situations stressantes :

- Concentrez-vous pour ne rien manquer du langage corporel de vos interlocuteurs.
- N'engagez pas une guerre du regard.
- Évitez de diriger vos yeux vers vos papiers ou vos pieds, vous donneriez l'impression que vous avez quelque chose à cacher.

Le harcèlement moral

Aux États-Unis, vingt millions de salariés affirment être victimes de harcèlement moral au travail, et selon une étude réalisée au Royaume-Uni, 81 % des salariés en auraient déjà souffert. Lors de mes débuts professionnels, j'ai eu un supérieur qui ne nous complimentait jamais et qui nous faisait toujours des reproches, à mes collègues et moi, dès que quelque chose n'allait pas. Il m'avait tellement stressé que j'avais préféré démissionner plutôt que d'accepter une nouvelle proposition que me faisait la société.

Les supérieurs qui harcèlent leurs subordonnés n'ont aucune subtilité. Ils essaient d'obtenir ce qu'ils désirent en menaçant, en vociférant et en faisant irruption par surprise pour voir ce que vous êtes en train de faire. Leur façon de diriger un service consiste à mettre tout le monde sous pression. Ils semblent croire qu'en étant imprévisibles, ils obtiendront davantage de leurs collaborateurs. Or, cette méthode n'est vraiment pas efficace.

Aujourd'hui, certains estiment que le politiquement correct s'accompagne d'une tendance à accuser trop vite les chefs tyranniques. C'est la position qu'a adoptée Mick Hume dans le *Times* à propos d'une certaine Helen Green, qui avait assigné la Deutsche Bank en justice parce que quatre de ses collègues la rabaissaient et se moquaient d'elle, au point qu'elle en avait fait une dépression nerveuse. Hume, cependant, ne croit pas à une recrudescence du harcèlement moral : il pense plutôt que nous sommes de plus en plus enclins à considérer les pratiques ordinaires du monde du travail comme du harcèlement.

Il s'étonne aussi de constater qu'aujourd'hui, le harcèlement moral pose des problèmes même dans l'armée. Il cite le cas d'un sergent-major du régiment de Sandhurst suspendu parce qu'il aurait harcelé ses jeunes recrues en leur criant des obscénités et parce qu'il aurait piétiné les bottes mal cirées de l'un d'eux.

Hume ignore que le harcèlement moral peut causer des dommages psychologiques et même, dans les cas extrêmes, conduire les gens au suicide. À la caserne de Deepcut, en Angleterre, il semble que quatre jeunes recrues se soient suicidées à cause d'un tel sentiment de harcèlement.

Comment la connaissance du langage corporel pourrait-elle permettre de contrer le harcèlement moral ?

Exercice – Vos réactions face au harcèlement moral

Subissez-vous un harcèlement moral ?

Que ressentez-vous quand vous subissez un harcèlement moral ?

Quels signes du langage corporel présentez-vous dans une telle situation ?

Notez trois exemples de situations où vous avez eu le sentiment de subir un harcèlement moral.

Comment avez-vous réagi ? Qu'avez-vous fait ?

Robert Mueller (2005) explique comment ne plus être une victime et comment devenir un lutteur plein d'assurance. Un des outils les plus précieux qu'il nous propose est son formulaire de rapport d'incidents. Si vous avez le sentiment d'être victime d'un harcèlement moral, notez méthodiquement tous les détails de ce harcèlement. Ne le faites pas seulement en prévision d'une éventuelle action en justice. Ce travail de recherche et de réflexion vous aidera à comprendre ce qui se passe et vous permettra de caractériser le comportement de vos supérieurs afin de mettre au point des méthodes pour vous y opposer.

Malheureusement, le harcèlement moral existe aussi dans des situations plus intimes, en particulier en famille. C'est ce que mettent en évidence des révélations récentes, particulièrement choquantes, selon lesquelles quelque six cent mille personnes âgées en seraient victimes en Grande-Bretagne. Pour plus de détails, lire *Le harcèlement moral : la violence perverse au quotidien*, de Marie-France Hirigoyen (2003).

9

Les signaux corporels du flirt et du désir

Dans un film à succès sorti en 1989, *Quand Harry rencontre Sally*, un couple se rendant à New York s'arrête en chemin pour dîner dans un restaurant. Tout en mangeant des hamburgers, le couple discute de la façon dont les hommes et les femmes voient – et font – l'amour. Pour montrer comme il est facile de duper les hommes, Sally (Meg Ryan) simule magnifiquement un orgasme. Il lui suffit pour cela de précipiter sa respiration, de rejeter la tête en arrière et de crier : « Oui ! Oui ! Oui ! C'est bon ! » Elle capte ainsi l'attention des autres clients du restaurant et une femme décide de commander le même menu que Sally. Harry (Billy Crystal) est mal à l'aise, moins parce que son amie se donne en spectacle que parce que les hommes n'aiment pas qu'on leur rappelle qu'une femme est capable de simuler un orgasme.

Cette scène montre avec humour qu'il est impossible de savoir ce que quelqu'un ressent vraiment. C'est pourquoi il est si intéressant de pouvoir déchiffrer le langage corporel du flirt et du désir. Aujourd'hui encore, quarante ans après l'essor d'une société sexuellement permissive, le sexe reste encombré de bien des tabous, et qui dit tabou dit anxiété. Or, l'anxiété se manifeste à travers le langage du corps.

Dans ce chapitre, je traite des éléments suivants :

- le flirt et l'espace individuel ;
- le flirt chez les homosexuels ;
- les différences entre hommes et femmes dans la façon de communiquer ;
- où regardent les hommes et les femmes quand ils se parlent ;
- la façon dont la personnalité affecte les relations sexuelles.

Exercice – Quels sont les signes d'amour ?

Comment savez-vous si quelqu'un craque pour vous ? Notez au moins quatre éléments essentiels que vous considérez comme de bons indices.

Dans une relation, quels signes recherchez-vous pour savoir si votre partenaire éprouve un sentiment amoureux ?

Si vous vivez une relation satisfaisante, demandez à votre partenaire si ces signes sont bien ceux qu'il (ou elle) cherche à émettre quand il (ou elle) veut vous séduire.

Michael Argyle, cet universitaire que j'ai déjà évoqué ici, a été parmi les premiers à étudier la façon dont les hommes et les femmes se regardaient et évitaient de se regarder. Il s'agit d'une des formes d'échanges de regard les plus anciennes du monde : vous regardez une personne qui vous attire, mais vous ne voulez pas qu'elle s'en rende compte donc vous détournez le regard. Ensuite, du coin de l'œil, vous attendez qu'elle vous regarde : ce sera le signe que vous l'intéressez.

La façon dont nous regardons l'autre est affaire de précision, surtout quand un homme et une femme se rencontrent pour la première fois. La situation est tendue et risquée. Aucun des deux ne sait ce que l'autre pense, ce qu'il ressent ni ce qu'il veut.

En général, nous avons tendance à être moins directs car nous craignons d'être rejetés. L'Oxford Social Research Centre conseille aux femmes de ne pas abuser du langage corporel, les hommes ayant trop facilement tendance à confondre les manifestations amicales avec le flirt, et le flirt avec le désir passionné. Bien entendu, cela ne signifie pas que les femmes ne draguent pas les premières.

Dans *Psychology Today*, Monica Moore (1995) présente ce que l'on appelle une méta-analyse des études consacrées au flirt. Ayant consulté une grande quantité d'études, elle a constaté que les femmes recouraient à cinquante-deux comportements de séduction non verbaux différents, consistant à jeter des coups d'œil, à regarder longuement, à se pomponner, à se maquiller, à sourire, à se lécher les lèvres, à faire la moue, à ricaner, à rire et à secouer la tête. Elle contredit ainsi le mythe selon lequel ce seraient toujours les hommes qui commenceraient la danse. En réalité, ce sont souvent les filles qui font le premier pas. Monica Moore a constaté que dans bien des cas, la femme parcourait des yeux la salle dans laquelle elle entrait pour repérer un éventuel candidat. Lorsqu'elle l'aperçoit, elle le regarde un instant, puis regarde ailleurs, puis le fixe à nouveau un instant, puis regarde à nouveau ailleurs. Souvent, elle fera cela de façon discrète et indirecte.

Figure 9.1 – Le flirt

Cependant, dans un monde où les magazines pour jeunes adolescentes parlent souvent de sexe, les femmes sont aujourd'hui plus libérées qu'autrefois. Monica Moore raconte même avoir vu plus d'une fois une jeune femme relever sa jupe pour que l'homme convoité puisse mieux reluquer ses jambes. Toutefois, dès qu'elle se rendait compte que d'autres hommes regardaient ses cuisses, elle rabaissait rapidement sa jupe.

Monica Moore a recensé de nombreux exemples de langage corporel associé au flirt, notamment :

- le haussement de sourcil : une élévation exagérée des deux sourcils, suivie d'un abaissement rapide ;
- le sourire évasif : la tête inclinée, le regard ailleurs ;
- la tête tournée pour dévoiler une partie du cou.

Les spécialistes considèrent souvent ces petits gestes comme des signes de soumission, mais d'après Monica Moore, ils se trompent. Ces signes servent à « rythmer la danse », et la personne qui rythme la danse est loin d'être soumise.

Monica Moore n'est pas la seule à penser que nous devons nous mettre à la page et cesser de croire que le flirt est un duel entre un homme fort et une femme soumise. Tim Perper (1999), de l'université de Philadelphie, explique que les gestes d'un homme qui flirte et la façon dont il se pavane peuvent donner l'impression qu'il domine, mais qu'il ne faut pas s'y tromper. On peut dominer la situation tout en effectuant des gestes de soumission, et la femme peut alterner domination et soumission. La femme pourra relâcher la tête, pivoter légèrement et dénuder son cou, mais « lever les yeux et se pencher en avant, la poitrine offerte, et cela ne ressemble pas du tout à de la soumission ».

Les travaux les plus récents indiquent qu'au cours d'un bon flirt, aucun des deux partenaires n'est jamais totalement dominant. Il s'agit plutôt d'un subtil jeu rythmé par des va-et-vient. Les deux partenaires recherchent la synchronisation. Elle se retourne, il se retourne ; elle saisit son verre, il saisit le sien.

Conseil

Ceux qui savent y faire progressent par étapes. Dans une salle pleine de monde, vous pouvez montrer à une personne inconnue qu'elle vous intéresse en la regardant et en soutenant son regard pendant environ une seconde. Un regard qui durerait plusieurs secondes serait perçu comme une menace. Si cette personne vous rend votre regard pendant plus d'une seconde, c'est sans doute que vous l'intéressez aussi.
Ce qui se produit ensuite est important. Si cette personne regarde ailleurs et ne tourne plus son regard vers vous dans les trente secondes qui suivent, vous pouvez considérer que vous ne l'intéressez pas. Au contraire, si vos regards se croisent une nouvelle fois, c'est sans doute que vous lui plaisez.

Le flirt et l'espace individuel

Quand vous engagez un flirt, la distance que vous maintenez entre l'intéressée(e) et vous joue un rôle important. Tout d'abord, peu importe que vous ayez très envie de batifoler, ne vous préoccupez pas de vos sentiments. Vous ne savez pas quels sont ceux de l'autre. Ouvrez les yeux et observez la distance qu'elle maintient entre elle et vous, elle est très révélatrice (figure de la page suivante).

Ensuite, si vous n'avez pas encore établi un contact visuel, il est bien trop tôt pour penser à flirter.

Figure 9.2 – Évaluer l'opportunité d'un flirt

Conseil

Quand vous n'êtes plus qu'à deux pas à peine de la personne, vous vous trouvez à la frontière entre la « zone sociale » (1,20 m à 3,60 m) et la « zone individuelle » (0,45 m à 1,20 m). Si la personne sourit ou vous rend votre regard, vous pouvez vous rapprocher. La meilleure distance est la longueur d'un bras, c'est-à-dire un peu moins de 1 m. Plus près, vous entrez dans la zone d'intimité qui est réservée aux amants, à la famille et aux amis proches et vous risquez d'indisposer la personne.

Exercice – Comment flirtez-vous ?

- Comment vous comportez-vous quand vous flirtez ?
- Comment savez-vous si c'est sérieux ?
- Essayez de vous rappeler la première fois où vous avez flirté.

Examinez votre posture en toute objectivité. Si l'autre personne se penche en avant comme vous, ou si elle adopte comme vous une posture « ouverte », c'est bon signe. Des expériences ont montré que les femmes inclinaient souvent la tête sur le côté quand elles sont dans des dispositions favorables vis-à-vis de l'homme qu'elles rencontrent.

Un autre signe positif est le fait que l'autre personne adopte une posture similaire à la vôtre, sous l'effet de l'activation de ses neurones miroirs. C'est même le plus important signe d'affinité. En général, le mieux est que l'autre personne ne soit pas consciente de la façon dont vous l'imitez, mais si elle en a conscience, elle recevra favorablement ce message. N'en abusez pas tout de même. Aujourd'hui, beaucoup de gens savent percevoir ce langage corporel.

Les signes de refus

Si la personne sur laquelle vous avez des vues n'est pas dans de bonnes dispositions vis-à-vis de vous, elle réagira généralement par des signes de refus évidents. Elle se tournera dans une autre direction ou croisera les bras. Soyez aussi attentif à un autre signe très subtil : si cette personne se frotte le cou et pointe le coude dans votre direction, faites machine arrière.

Si cette personne tourne la tête vers vous, mais en gardant le reste du corps orienté dans une autre direction, c'est aussi un signe négatif. Une femme pourra se servir de son sac en guise de barrage (comme en page suivante).

Figure 9.3 – Des signes de refus

Monica Moore a aussi noté la manière dont les femmes freinent l'élan du prétendant ou mettent carrément fin à la parade. Pour freiner le processus, la femme tournera légèrement son corps dans une autre direction, croisera les bras sur sa poitrine ou refusera le contact visuel. Pour mettre un point final à l'entreprise et compromettre toute possibilité future, elle pourra froncer les sourcils, sourire de façon méprisante, secouer la tête, mettre les mains dans ses poches, regarder par-dessus votre tête, entreprendre un flirt avec un autre, ou simplement bâiller.

Monica Moore a également étudié des situations dans lesquelles l'homme semblait incapable de saisir le sens des signaux que lui envoyait la femme courtisée. Entre autres manœuvres désespérées, celle-ci relevait une mèche de cheveux jusqu'à la hauteur de ses yeux, comme pour signifier à l'homme qu'elle préférait examiner l'extrémité de ses cheveux plutôt que rester un instant de plus en sa compagnie. Autre moyen de le décourager : se curer les dents.

La distance idéale pour flirter

La distance idéale pour flirter dépend de vos positions respectives : face à face ou côte à côte. Dans ce dernier cas, le contact visuel est forcément moins direct et moins intense. Chacun est obligé de tourner la tête pour pouvoir regarder l'autre. Pour compenser cela (de façon inconsciente), vous frôlez la personne du coude et vous vous en rapprochez légèrement.

Le flirt chez les homosexuels

Le flirt n'a pas été autant étudié chez les homosexuels que chez les hétérosexuels, mais il existe quelques études qui mettent en valeur des différences intéressantes. Mari Hall (1999), une psychologue de San Francisco, rappelle que dans les années 1950, la répartition des rôles au sein des couples de lesbiennes était inflexible. L'une des deux partenaires, toujours la même, jouait le rôle de l'homme. Elle cultivait une posture virile, allumait sa cigarette d'un geste dominateur, achetait les boissons, ouvrait les portes et se pavanait, tandis que sa partenaire roulait des hanches et se comportait de façon typiquement féminine.

Dans les années 1960, tout cela a changé. Cette distinction entre les deux partenaires a refait surface dans les années 1990, mais avec une différence considérable : elle est aujourd'hui bien moins prise au sérieux par les intéressées, qui ont acquis le sens de l'ironie, et les rôles sont bien moins concentrés sur chaque personne. Selon Mari Hall, les rôles sont plus brouillés.

Cette histoire d'ironie est intéressante. L'ironie ne se rencontre pas si souvent dans les situations de flirt, car si les femmes sont un peu plus susceptibles de prendre l'initiative que dans le passé, les rôles restent tout de même établis.

Chez les hommes aussi, la façon dont on flirte entre homosexuels peut surprendre les hétérosexuels. Timothy Perper, spécialiste en psychologie sociale, a observé deux homosexuels qui sont restés bloqués dans un jeu d'échanges de regards pendant 45 minutes avant que l'un des deux ne se décide à faire le premier pas. C'était un couple lent. Perper a aussi vu deux autres homosexuels accomplir en deux minutes l'ensemble du rituel : échanges de regards, approche, échanges de paroles, mouvements de rotation, toucher, synchronisation des gestes. Dans les relations hétérosexuelles, une telle rapidité est pour le moins inhabituelle. Même Casanova, ce grand séducteur, ne mettait pas moins d'une heure, et bien souvent pas moins d'une journée, pour consommer une liaison.

Depuis les années 1990, il existe aussi au Harvey Milk Institute, à San Francisco, des cours de séduction pour les homosexuels. Un des sujets étudiés est le répertoire de gestes qu'utilisent les femmes hétérosexuelles à la recherche d'un partenaire. On incite les homosexuels à les imiter.

Enfin, je dois mentionner un incident surprenant survenu dans un train. Un juriste homosexuel, Anthony, était assis en face d'une gardienne de prison, Tracey, elle aussi homosexuelle. Ils ne se connaissaient pas, mais il ne leur a pas fallu plus d'une demi-heure pour en arriver à flirter avec entrain et à convenir de sortir ensemble, afin que chacun recherche des partenaires de son propre sexe. Leurs signaux étaient semblables à ceux que l'on pourrait observer chez deux partenaires hétérosexuels, sauf que Tracey et Anthony se tapaient dans la main tout en criant « Gay Pride ! »

Quand les hommes et les femmes se parlent

Deborah Tannen fait partie des spécialistes qui connaissent le mieux les différences entre hommes et femmes dans la façon d'écouter et de s'exprimer. Je l'avais interviewée en 1992 pour le *New Scientist*, alors qu'elle venait de publier un livre intitulé *Décidément, tu ne me comprends pas !* (1992).

Selon Deborah Tannen, les femmes se plaignent souvent de leur mari ou partenaire parce qu'il ne leur parle pas. Dans son livre *Divorce Talk*, elle explique que la plupart des femmes – mais peu d'hommes – citent le manque de communication comme raison de leur divorce. Si, aux États-Unis, la moitié des mariages se terminent mal, il s'agit selon Deborah Tannen d'un phénomène généralisé d'échec de la conversation.

Figure 9.4 – La bataille linguistique des sexes

Sur ce dessin, on voit un homme qui lit son journal du matin devant sa tasse de café, et sa femme qui regarde les gros titres. Il a envie de lire, tandis qu'elle a envie de parler. C'est ce que Deborah Tannen appelle la bataille linguistique des sexes, et c'est la source de bien des maux qui, selon elle, pourraient être évités.

Deborah Tannen admet que l'homme a souvent raison lorsqu'il proteste : « Mais si, je t'écoute ! » Toutefois, son langage corporel incite la femme à penser le contraire.

« Dans le mécanisme de la conversation entre homme et femme, il y a quelque chose qui ne va plus », nous dit-elle. Le problème est déjà dans la position qu'ils adoptent pour se parler. Deborah Tannen a étudié des séquences vidéo filmées par le psychologue

Bruce Dorval montrant des enfants et des adultes en train de parler à leur meilleur ami du même sexe.

J'ai constaté qu'à tout âge, les filles et les femmes se faisaient face et se regardaient dans les yeux, tandis que les garçons et les hommes ne s'asseyaient pas en face l'un de l'autre, regardaient ailleurs dans la pièce et se contentaient chacun d'un regard bref de temps à autre.

Or, quand l'homme ne la regarde pas bien en face, la femme interprète son attitude comme de l'indifférence. Elle ne se sent pas écoutée, et cela suscite chez elle de l'amertume et de l'hostilité.

Les raisons pour lesquelles les femmes ne se sentent pas écoutées par les hommes sont parfois plus élémentaires encore. Une linguiste, Lynette Hirschman, a constaté que les femmes émettent davantage de signaux sonores indiquant à leur interlocuteur qu'elles l'écoutent. Les hommes en sont bien plus avares, et les femmes ont l'impression que c'est parce qu'ils n'accordent pas d'attention à ce qu'elles disent. Quant aux hommes, ils interprètent ces onomatopées comme des signes d'impatience : « Viens-en donc au fait ! », « N'en fais pas une histoire »...

Messieurs, soyons honnêtes (et je le dis en tant qu'homme, bien sûr). Nous autres, nous détestons entendre une femme nous dire « Il faut qu'on parle ». Nous savons que c'est de notre relation qu'elle veut parler, et non pas du Real Madrid. Nous savons bien que nous ne devrions pas soupirer intérieurement, mais le football est tellement plus intéressant que les sentiments, non ? Je plaisante.

Une jeune femme racontait à Deborah Tannen que chaque fois qu'elle annonçait à son petit ami qu'elle avait quelque chose à lui dire, il s'étendait par terre, fermait les yeux et se couvrait le visage de son bras. Elle comprenait qu'il préférait encore piquer un somme plutôt que de l'écouter. Lui, de son côté, affirmait qu'il lui accordait « le sacrifice suprême de l'écouter » avec toute l'attention possible. S'il fermait les yeux, c'était pour pouvoir mieux se concentrer sur chaque syllabe. Elle n'en croyait pas un mot, mais après avoir écouté Deborah Tannen, elle avait trouvé le courage de lui expliquer combien elle était frustrée et pourquoi.

La fois suivante, alors qu'elle lui faisait comprendre qu'elle voulait lui parler, il s'est étendu et s'est couvert les yeux comme d'habitude. Elle a marmonné, elle s'est assurée qu'il l'écoutait vraiment, et elle a été très surprise de ce qui a suivi. Son petit ami s'est assis et l'a regardée. Comme elle lui en demandait la raison, il lui a répondu : « Tu aimes que je te regarde quand nous parlons, donc je vais essayer de le faire. » Le problème était résolu mais il a fallu que chacun y mette du sien.

Quand les hommes et les femmes se regardent

Certes, l'homme a tendance à diriger son regard vers la poitrine de la femme plutôt que vers son visage, mais la femme, quand elle rencontre un homme désirable, a tendance à le détailler de la tête aux pieds !

Exercice – Où pensez-vous diriger votre regard ?

Filmez-vous pendant que vous regardez successivement deux personnes du sexe opposé, une personne que vous connaissez et une autre que vous ne connaissez que depuis cinq minutes. Inversez ensuite l'exercice et filmez-les pendant qu'ils vous regardent.

Regardez ensuite la vidéo : vous devriez pouvoir déterminer à peu près dans quelle direction va votre regard et dans quelle direction va le leur.

La personnalité

J'ai écrit que le langage du corps dépendait de la personnalité. La personnalité conditionne aussi la façon dont se déroulent les ébats sexuels, la vitesse à laquelle ils se déroulent, et la façon dont le langage corporel le reflète. La théorie de la personnalité d'Eysenck (1973) n'est pas sans implications pour le sexe. Selon cet auteur, « quand tout est dit et tout est fait, il est dit plus qu'il n'est fait ». Les personnalités extraverties sont plus impatientes, elles se lassent plus facilement et elles s'excitent plus vite sexuellement. De ce fait, les hommes extravertis veulent aller vite en besogne et sont plus expéditifs. Les hommes introvertis, au contraire, procèdent avec davantage de retenue, ce qui ferait d'eux de meilleurs amants s'ils n'avaient pas tendance à être anxieux.

Figure 9.5 – L'espace individuel et le couple : intérêt égal

Figure 9.6 – L'espace individuel et le couple : intérêt inégal

Quand les deux partenaires ont des personnalités différentes, cela peut poser des problèmes car ils peuvent avoir des difficultés à s'adapter au rythme de l'autre. Il existe un décalage classique entre l'extraverti pour qui il faut se dévêtir en toute hâte et l'introverti qui s'inquiète quand les choses vont trop vite. Le premier, dans sa précipitation, risque de ne pas remarquer les signes lui indiquant qu'il doit aller moins vite.

On ne saurait trop conseiller aux hommes, en particulier, d'analyser leur propre passé et de se demander en toute honnêteté s'ils ne sont pas trop pressés et si leur langage corporel ne les trahit pas.

Sur la figure 9.5, chacun des deux partenaires calque son comportement et ses mouvements sur l'autre. Chacun se penche vers l'autre et les deux partenaires se partagent l'espace. Au contraire, sur la figure 9.6, l'homme se montre passionné mais la femme contemple le sol à ses pieds, lesquels sont dirigés vers la porte par laquelle elle semble vouloir s'échapper.

Pour un homme, il importe de savoir faire la différence entre un signal simplement amical et un signe constituant une véritable invitation.

> ***Conseil***
>
> Soyez attentifs aux éventuels signaux vous invitant à prendre le large, par exemple si la femme se tourne dans une autre direction ou croise les bras au moment où vous vous disposez à l'embrasser.

Les étapes du désir sexuel

Naturellement, le flirt débouche souvent sur une relation sexuelle, et le langage corporel est aussi présent dans la chambre à coucher que dans la salle de réception. Pour comprendre le langage du corps dans l'intimité, il est bon de consulter les travaux de deux chercheurs réputés pour avoir étudié le comportement sexuel, William Masters et Virginia Johnson. Ces deux auteurs ont passé vingt ans à étudier la façon dont notre corps réagit avant, pendant et après les rapports sexuels.

Dans leur laboratoire, Masters et Johnson ont réuni des volontaires qu'ils ont mis dans une situation de rapports sexuels et chez qui ils ont étudié le pouls, les réactions épidermiques, la dilatation des pupilles, les érections, la dilatation vaginale, la pression sanguine et bien d'autres éléments encore. Les résultats qu'ils ont obtenus les ont conduits à bâtir une théorie sur les étapes du désir sexuel.

Les deux premières étapes concernent les préliminaires et comportent des éléments très clairs en termes de langage du corps. La première étape est celle du désir : le pouls s'accélère, la respiration aussi, l'homme commence à être en érection, la femme ressent des frissons, les pupilles se dilatent. Chez les animaux, il existe des rituels et des parades mais l'acte sexuel, une fois commencé, est généralement rapide. Chez l'être humain, les préliminaires sont source de plaisir et d'anticipation de plaisir. À mesure que les préliminaires s'intensifient, la tension s'accroît et l'on retarde l'issue.

L'étape 2 est la phase de plateau, que Masters et Johnson ont appelée ainsi parce que les préliminaires conduisent à un niveau d'excitation constituant en quelque sorte un palier. La plupart des gens, hommes et femmes, doivent rester dans cet état de forte excitation pendant un certain temps pour pouvoir atteindre l'orgasme. Quand nous commençons à faire l'amour, les réactions de notre corps sont très spécifiques. Notre respiration s'accélère, nos pupilles se dilatent et les réactions épidermiques s'intensifient. Il se produit aussi d'importants bouleversements au niveau des organes génitaux.

Quand on est excité, il n'est pas toujours facile de rester attentif au langage corporel du partenaire. C'est pourtant conseillé. Votre partenaire vous rend-il spontanément vos baisers et vos caresses ou faites-vous toujours le premier pas ? Votre partenaire n'a t-il pas l'air tendu ? N'a-t-il pas tendance à s'éloigner ?

La première fois que l'on fait l'amour avec quelqu'un, il est normal d'être anxieux :

- Les choses ne vont-elles pas trop vite ?
- Mon partenaire m'aime-t-il ?
- Suis-je assez sexy ?
- Qu'est-ce que mon partenaire sexuel attend de moi ?

Je vous conseille de prêter attention à tout signe éventuel de stress ou à tout déplacement soudain (voir les gestes concernés p. 32), qui laisserait penser que l'autre personne a des doutes.

Les signes de stress ou de doute les plus évidents sont notamment ceux de la position du corps. Sur la figure 9.7 (page suivante), l'homme et la femme sont assis côte à côte sur un canapé, mais l'homme est visiblement le plus motivé. C'est lui qui émet tous les signaux invitant au rapprochement, comme pour dire à la femme « Viens dans mon espace ». Il lui a passé le bras autour des épaules et ses pieds sont orientés dans sa direction, mais elle garde les pieds croisés et serrés. Sur la figure 9.8 (page suivante), il a fini par obtenir qu'elle se blottisse contre son épaule. Cependant, tout son corps est orienté en direction opposée et elle rentre la tête dans les épaules, si bien qu'il peut difficilement l'embrasser.

N'oubliez pas le test dont il a été question précédemment : il est possible que vous fassiez fausse route. Il se peut qu'elle ne voie pas en vous l'homme de ses rêves mais simplement quelqu'un de sympathique. Un homme doit se montrer particulièrement sensible et ne pas croire qu'il va nécessairement arriver à ses fins dans la minute qui suit.

Figure 9.7 – Positions du corps divergentes : l'attraction *vs* l'indifférence

Figure 9.8 – Une posture de compromis

L'œil du robot ?

J'aimerais terminer ce chapitre avec une anecdote sur les nouvelles technologies. Certains d'entre nous voient – ou recherchent – l'amour en d'étranges endroits. En novembre 1997, un membre de la Société des Lettres et des Sciences de Pittsburgh, aux États-Unis, a raconté l'histoire authentique d'une femme qui s'était sentie flattée quand le robot sur lequel elle travaillait l'avait suivie de son œil électronique pendant qu'elle traversait la pièce. Il l'aimait, apparemment !

J'aborde à présent un sujet très différent : le mensonge. Pour vous y préparer, songez à tous les termes désignant une façon de ne pas dire la vérité : mentir, baratiner, fabuler, faire semblant, arnaquer, tromper, falsifier, inventer, raconter des sornettes… S'il en existe tant, est-ce un hasard ? Je ne le crois pas.

10

Détecter les indices du mensonge

Nietzsche a dit que le mensonge était un état de la vie. Comprendre le langage du corps peut nous permettre de nous apercevoir qu'une personne ment et, à ce jeu, nous pouvons devenir meilleurs que les détecteurs de mensonges.

En lisant ce chapitre, essayez d'être honnête par rapport à vos motivations. En particulier, posez-vous ces questions :

- Voulez-vous savoir comment mieux mentir ?
- Voulez-vous savoir si l'on vous ment ?
- Ou voulez-vous les deux ?

Dans ce chapitre, nous allons donc étudier :

- la psychologie du mensonge ;
- les six signes de mensonge.

La psychologie du mensonge

Aussi déplaisante que soit la vérité, nous sommes une espèce qui ment. Bella DePaulo (1994) et ses collègues de l'université de Virginie ont demandé à 147 sujets âgés de 18 à 71 ans de tenir un journal de tous les mensonges qu'ils prononceraient pendant une semaine. D'après les résultats, la plupart mentaient une à deux fois par jour. Une personne sur cinq reconnaissait que si elle passait plus de cinq minutes en compagnie de quelqu'un, elle allait proférer un mensonge. Au cours de cette semaine d'introspection (un travail dont nous espérons qu'il a été fait honnêtement, quoique nous en doutions), les sujets ont menti à 30 % de leurs interlocuteurs. Les résultats indiquent aussi que les personnes extraverties ont eu légèrement tendance à mentir davantage que les autres.

La malhonnêteté s'observe en particulier dans les relations entre les adolescents et leurs parents. D'après Bella DePaulo, « les lycéens mentent à leur mère dans une conversation sur deux ».

Nous justifions souvent le mensonge en considérant qu'il rend la vie plus facile à ceux que nous aimons : sachant que tu aimes regarder le football à la télévision, je fais semblant d'aimer cela aussi. Les individus qui se retrouvent lors d'un premier rendez-vous galant se mentent une fois sur trois environ. Malheureusement, et ce n'est pas une surprise, c'est aux personnes les plus proches que nous racontons les plus gros mensonges. La personne que vous aimez est probablement celle à laquelle vous mentez le plus.

Par conséquent, sachant que la plupart d'entre nous n'aiment pas qu'on leur mente, il est important de savoir détecter les indices non verbaux du mensonge. Les femmes semblent naturellement plus douées que les hommes pour le mensonge et qu'elles soient aussi meilleures pour apprendre à le détecter. Bella DePaulo a demandé à des sujets de former des paires du même sexe. Chacun devait tenter de détecter les mensonges de l'autre. Lors de nouveaux tests, six mois plus tard, les femmes savaient un peu mieux détecter les mensonges, tandis que les hommes n'avaient pas progressé.

Il semble cependant que personne n'ait osé faire l'expérience avec des paires constituées de deux personnes de sexe opposé.

Savoir si l'on vous ment est aussi utile dans d'autres types de situations. En 1990, j'ai réalisé pour Channel 4 un film intitulé *The False Confessions File*. J'avais su par quelqu'un quels étaient les principes secrets à partir desquels les enquêteurs de police détectaient le mensonge. Les signes révélateurs étaient simples : le suspect avait tendance à gigoter, à transpirer et à trembler au niveau des genoux.

Dans mon film, je me suis un peu amusé avec cela, en m'imaginant que les gangsters les plus talentueux devaient être capables de ne pas toujours trembler des genoux.

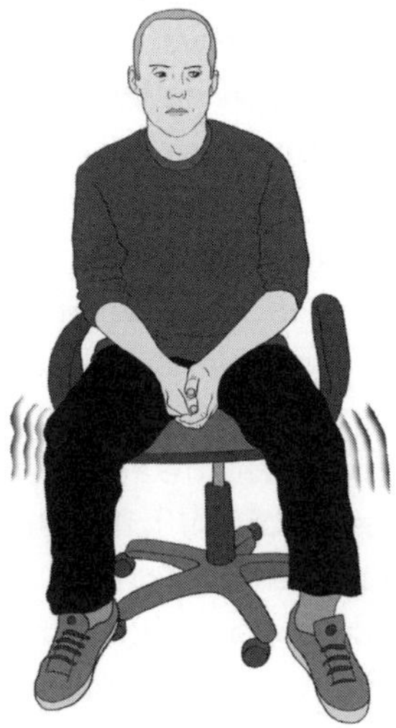

Figure 10.1 – Un signe de mensonge : le tremblement des genoux

Emma Barrett, de *Psychology and Crime News*, a constaté que dans les travaux récents sur le mensonge, les sujets étudiés étaient très souvent des étudiants occidentaux confrontés à des enjeux dérisoires. Or les capacités des représentants de la loi à détecter les mensonges sont testées le plus souvent avec des vidéos mettant en scène, vous l'aurez deviné, des étudiants occidentaux.

Il est pourtant plus intéressant de prendre comme sujets, plutôt que des étudiants en psychologie, des délinquants. À l'université de Portsmouth, Albert Vrij, Samantha Mann et leurs collègues (2006) ont montré à des policiers expérimentés des séquences vidéo d'interrogatoires de vrais suspects, à propos de situations pour lesquelles on connaissait la vérité et où l'enjeu était important : les enquêteurs voulaient coincer les suspects, et ces derniers voulaient s'en sortir indemnes.

Les policiers ont eu à juger quatre séries de vidéos. Ils ont détecté les mensonges dans 72 % des cas, une performance bien meilleure que les 50 à 60 % habituels de réussite lors des autres études sur le mensonge. Ils ont été aussi performants pour détecter la vérité (70 %). Selon les observations d'Emma Barrett, l'ironie de la situation est qu'en dépit de leur réussite, ils restaient très modestes quant à leurs propres capacités. Ils ne se trompaient que lorsqu'ils se fiaient à des indices trop évidents comme ceux dont je me suis moqué dans mon film, notamment les signes de nervosité et les tremblements au niveau des genoux. En résumé, plus les signes étaient discrets, mieux ils les interprétaient, et plus c'était évident, plus ils se trompaient !

En 1991, Paul Ekman a déclaré au *New York Times* qu'une des raisons pour lesquelles il était difficile de détecter les mensonges était que la peur de ne pas être cru se manifeste de la même manière que la peur d'être pris à mentir. Un innocent angoissé à l'idée qu'on risque de ne pas le croire peut très bien, lui aussi, gigoter nerveusement, et même, trembler des genoux.

Des psychologues se sont efforcés de mettre au point un guide infaillible pour détecter les mensonges. Selon Burgoon, Knapp et Miller (1994), il existerait ainsi six indices non verbaux différents indiquant qu'une personne ment.

Six signes de mensonge

1. **Des indices d'anxiété** comme le fait de gigoter ou, comme l'a observé Joe Navarro (2003), de se toucher la nuque ou le nez.
2. **Des indices de réticence** ou une volonté de se retirer physiquement de la situation, comme le fait de diriger ses yeux vers le sol.

3. **Un comportement très inhabituel** par rapport aux habitudes de la personne concernée.
4. **Un comportement négatif** indiquant que la personne n'aime pas ce qu'elle est en train de faire.
5. **Des indices d'incertitude** comme le fait de se montrer peu sûr de soi et d'hésiter longtemps avant de dire quelque chose.
6. **Des réponses incongrues** ou des réactions différentes d'un moment à l'autre.

Certains facteurs liés à la personnalité interviennent également. Sous la pression, une personne qui a confiance en elle-même mentira généralement mieux, et il en sera de même d'une personne physiquement plus attirante.

La manière dont la personne s'exprime peut aussi être révélatrice. James W. Pennebaker (2001), de l'Université Méthodiste du Sud, aux États-Unis, a étudié le vocabulaire employé par les menteurs. Ces derniers utilisent moins souvent la première personne (des mots comme « je » ou « moi ») et plus souvent des mots désignant des émotions (« blessé », « colère », etc.), des termes liés à la cognition (comme « comprendre » ou « se rendre compte ») et des mots dits exclusifs (comme « mais », « sans », qui permettent de distinguer ce qui est et ce qui n'est pas).

Il est donc temps d'être honnête avec vous-même en matière de mensonge et de langage du corps.

Exercice – Le quizz des mensonges

Pour chacune des questions suivantes, reportez-vous au tableau p. 187 et entourez le symbole qui correspond à la lettre que vous avez choisie. Ensuite, comptez vos symboles et voyez ce qui en découle…

Questions

1. Je mens
   (a) pratiquement jamais
   (b) seulement quand je n'ai pas d'autre alternative
   (c) souvent
   (d) très souvent

2. Quand je mens
   (a) je me sens coupable
   (b) cela ne me dérange pas trop
3. Si je pense que quelqu'un me ment, je redouble d'attention
   (a) pour voir s'il me regarde dans les yeux
   (b) pour détecter un éventuel changement dans sa voix
   (c) pour voir s'il commence à gigoter
4. Quand quelqu'un me dit qu'il ne me croit pas
   (a) j'ai tendance à réagir comme si j'étais coupable
   (b) je détends l'atmosphère en souriant
   (c) j'essaie de le convaincre qu'il faut me croire
5. La dernière fois que j'ai menti, c'était
   (a) il y a quelques minutes
   (b) la semaine dernière
   (c) cela fait si longtemps que je ne m'en souviens plus
6. Je mens
   (a) pour ménager les gens, pour leur épargner de la peine
   (b) parce que je peux mentir et m'en sortir de cette façon
   (d) parce que je ne veux pas que l'on sache vraiment ce que je
   (e) pense et ce que je ressens
   (f) parce que cela me permet de me sentir supérieur
7. Dans quel métier dit-on le moins de mensonges ?
   (a) le journalisme
   (b) la politique
   (c) la médecine
8. Pour pouvoir mentir, il faut que je sois énervé
   (a) jamais
   (b) souvent
   (c) toujours
9. « Tu ne porteras pas de faux témoignage »
   (a) c'était valable au temps de la Bible, plus maintenant
   (b) c'est un commandement que plus personne ne prend au
   (c) sérieux
   (d) c'est une prescription judicieuse

10. Celui qui dit qu'il ne ment jamais
    (a) je l'admire
    (b) je demande une preuve
    (c) je sais qu'il ment

Réponses

À présent, faites le compte de tous les symboles entourés et reportez votre score dans le petit tableau prévu à cet effet.

	(a)	(b)	(c)	(d)
1	■	◊	□	♦
2	■	♦		
3	Pas de score pour cette question ☺			
4	■	◊	♦	
5	♦	■	♦	
6	◊	♦	♦	♦
7	Pas de score pour cette question ☺			
8	♦	◊	■	
9	♦	♦	■	
10	■	♦	♦	

Score final	
■	
♦	
◊	
□	

Plus vous obtenez de ■, plus vous pensez que dire la vérité est une bonne idée. Plus vous obtenez de ♦, plus vous êtes menteur – et fier de l'être (ignorez les ◊ et les □, qui indiquent un mensonge sous la pression et une réponse confuse). Les questions 3 et 7 n'ont pas de réelle importance mais elles éclairent la perception que vous avez des menteurs.

Le langage corporel peut vous permettre de détecter les mensonges, mais dans quelle mesure vous aide-t-il à mentir ? Il faut que vous soyez très conscient de ce que vous faites quand vous mentez. Le meilleur conseil que je puisse vous donner, c'est d'éviter, lorsque vous mentez, de présenter l'un ou l'autre des six signes énoncés pp. 184-185.

11
Le langage corporel d'une culture à une autre

Nous vivons dans une société multiculturelle et dans un monde d'interdépendances. Il faut donc que nous soyons capables de comprendre le langage corporel des gens appartenant à une culture différente, faute de quoi des malentendus pourraient être cause de confusion et de conflit.

Quand vous avez affaire à des Chinois, par exemple, ou à des Japonais, ou bien à des Saoudiens, n'oubliez pas que leur notion d'espace individuel n'est pas la même que la nôtre. En Europe du nord, il est impoli d'approcher une personne à moins de 1,33 m, sauf si vous êtes intimes. Dans le sud de l'Europe et surtout dans les pays arabes, l'espace individuel est bien plus réduit et si vous vous tenez trop loin de votre interlocuteur, il le vivra mal.

Cependant, d'autres éléments du langage du corps se retrouvent dans le monde entier. Même en Papouasie-Nouvelle-Guinée, les gens reconnaissent nos expressions de colère, de tristesse, de peur et de joie, encore que dans une étude, des membres d'une tribu dite primitive aient confondu les expressions de surprise et de peur.

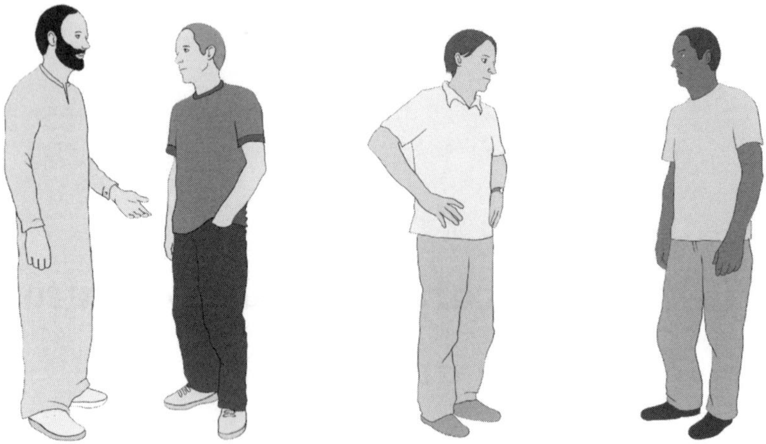

Figure 11.1 – L'espace individuel selon les cultures

L'apparence des gens est toujours porteuse d'informations, en particulier sur le sexe, l'âge et le statut social. Toutefois, dans certaines cultures, des limites sont imposées à l'information non verbale. Au Japon, par exemple, la communication non verbale est censée transmettre de l'information sur le statut de la personne, mais pas sur ses sentiments.

Michael Argyle, mon ancien professeur, a étudié la façon dont les Anglais, les Italiens et les Japonais percevaient les émotions sur les visages. Les sujets anglais et italiens se sont montrés capables d'identifier leurs émotions respectives et celles des autres, mais ils ont trouvé les expressions des Japonais trop difficiles à déchiffrer. Les Japonais eux-mêmes n'ont pas été très brillants quand on leur a demandé d'identifier les expressions émotionnelles de leurs compatriotes. Ce n'est pas que les Japonais gardent un visage toujours impénétrable, mais ils s'appliquent à rester impénétrables en public. Dans les écoles publiques britanniques, il en était de même autrefois.

Pour confirmer ces faits, Paul Ekman, jamais à court d'idées, a cherché à savoir s'il existait des différences entre les réactions des sujets américains et japonais quand ils regardaient des films d'horreur. Quand ils se croyaient seuls, les Japonais ne cachaient plus leur révulsion. Ils avaient l'air tout aussi effrayés et déstabilisés que l'Américain moyen. Cependant, dès qu'ils n'étaient plus seuls, ils restaient souriants pour masquer leur peur ou leur dégoût (Ekman et Friesen, 1971).

Si les expressions faciales ont à peu près la même signification partout dans le monde, il n'en est pas de même des expressions du corps. Imaginez une rencontre entre le Sheikh Yamani, du Caire, et M. Yamamoto, de Tokyo.

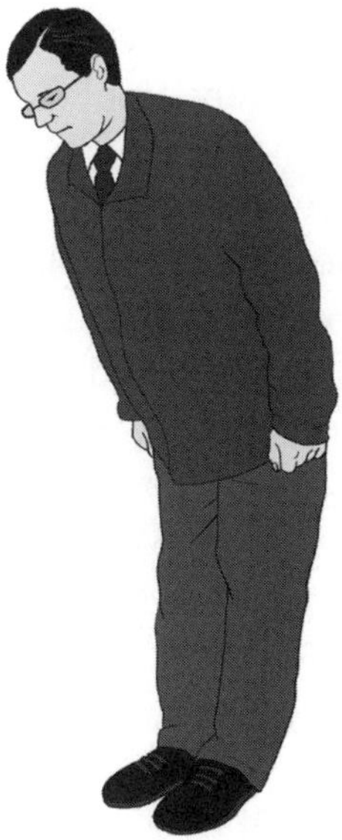

Figure 11.2 – Le salut japonais

M. Yamamoto a l'habitude des conversations entre Japonais, dans lesquelles interviennent un important rituel et des réponses type. Par ailleurs, comme on l'a vu, il n'est pas poli pour un Japonais de manifester ses émotions en public, et surtout les émotions négatives. L'idéal est de garder un visage impénétrable, tandis qu'en privé, un léger sourire est acceptable. Les Japonais pratiquent moins le contact visuel que la plupart d'entre nous. Ils dirigent plutôt leur regard plus bas que le visage de l'interlocuteur. Ils évitent surtout de regarder leurs supérieurs hiérarchiques dans les yeux. Le fait d'être obligés de regarder quelqu'un dans les yeux les rend nerveux (Bond et Komai, 1976). La société japonaise est de moins en moins stricte, mais la hiérarchie y reste une valeur importante : les hommes comme les femmes s'appliquent minutieusement à établir des relations correctes en pratiquant le degré adéquat d'inclinaison du corps et le ton de voix approprié. Ils s'inclinent toujours quand ils rencontrent quelqu'un, et l'inclinaison du corps comme sa durée dépendent du statut relatif des deux interlocuteurs.

Au Parlement britannique, un député ne peut pas traiter un autre député de menteur. Ce genre d'inhibition se retrouve partout au Japon. Il peut cependant arriver que M. Yamamoto ait besoin de signifier que quelqu'un ment. Il existe pour cela une gestuelle acceptable, qui consiste à se lécher l'index puis à se toucher le sourcil (Scollon et Wong-Scollon, 1994).

La pratique des contacts physiques varie aussi selon les cultures. Au Japon, il n'y a pratiquement pas de contact physique sur les lieux publics, pas même des poignées de main. Le Japon fait contraste en particulier avec les pays arabes, où l'on se touche davantage qu'en Occident et où l'on fait moins cas de la notion de vie privée. Les Arabes, comme les Japonais, sont très sensibles au comportement non verbal, mais les hommes arabes font facilement étalage de leurs sentiments. Il leur arrive de se comporter d'une manière que nous autres Occidentaux trouverions insensée, par exemple de s'arracher les vêtements ou de hurler en public.

J'ai assisté à ce genre de scène dans mon enfance. Mon père était un Juif du monde arabe, né en Palestine en 1908 quand cette région était sous la férule du sultan d'Istanbul. Il était parfois très démonstratif, par exemple lorsqu'il me serrait dans ses bras comme si c'était une question de vie ou de mort. Il pouvait aussi crier ou hurler comme un possédé. Un jour que nous avions perdu beaucoup d'argent à la Bourse, il avait crié si fort que les voisins étaient venus frapper à la porte, se demandant – tout en gardant une attitude polie, dans le style britannique – si l'on n'était pas en train d'assassiner quelqu'un. La scène était particulièrement surréaliste, sachant que mon père avait retiré son pantalon et criait en sous-vêtements. Ma mère, qui était originaire des Balkans mais qui avait grandi en France, traitait souvent mon père de barbare parce qu'elle trouvait étranges ses manifestations de colère. Mon père n'était pourtant pas un marchand de chameaux mais un juriste, titulaire d'un doctorat. Il se trouve que quand il était stressé, il retrouvait un comportement infantile.

Figure 11.3 – Le langage du corps chez les Arabes

Deux Arabes qui conversent se regarderont davantage dans les yeux que deux Américains ou deux Britanniques (Argyle, 1975). Ils se toucheront le bras ou la main, en particulier pour donner plus de poids à un argument ou pour mettre l'accent sur une plaisanterie. Les hommes se saluent généralement d'une poignée de main lâche (comme ci-dessus) et s'ils ne s'étaient pas vus depuis un certain temps, ils pourront même s'embrasser. Certains gestes ont aussi une signification particulière. Ainsi, par exemple, si un homme réunit le bout des doigts d'une main et les oriente vers le ciel tout en secouant l'autre main comme s'il jouait de la guitare, cela signifie qu'il trouve une femme belle.

J'ai eu l'expérience de ce langage corporel fleuri quand j'avais 16 ans, alors que je devais rencontrer un cousin éloigné du côté de mon père, dans un hôtel quelque part en Angleterre. Cet homme, qui était millionnaire, avait absolument voulu me tenir la main pendant dix minutes. Moi qui ne l'avais encore vu qu'une seule fois, j'en étais mortifié.

Compte tenu de ces importantes différences de style de langage corporel, la communication n'est pas facile entre Arabes et Japonais. Si un Arabe s'efforce de faire preuve de respect en soutenant le regard d'un Japonais, celui-ci en sera offensé. M. Yamani trouvera normal d'exprimer ce qu'il ressent, mais M. Yamamoto se dira qu'un homme aussi démonstratif est soit un malade mental, soit un grossier personnage.

Si vous voyagez à l'étranger pour affaires, il est conseillé de vous adapter aux us et coutumes du pays en matière de communication non verbale. J'ai ainsi découvert qu'un grand nombre de gestes qui me paraissaient anodins étaient à éviter, selon le pays dans lequel on se rend.

Si vous passez vos vacances en Grèce, évitez de tendre les deux bras à l'horizontale, paumes vers le sol : ce geste est une insulte, il invite la personne qui vous fait face à aller au diable plutôt deux fois qu'une. Le « non » de la main est aussi un geste ayant une signification culturelle, de même que la façon dont les Saoudiens se frappent la main en signe de mépris ou la projection de l'avant-bras chez les Italiens, en guise d'insulte à connotation sexuelle. Les Italiens se touchent aussi les oreilles pour signifier qu'un homme est efféminé.

Au Portugal et en Espagne, si vous inclinez la tête sur le côté tout en posant la joue dans le creux de la main, c'est aussi une façon de préjuger défavorablement des mœurs sexuelles de votre interlocuteur. À éviter, là encore !

Il ne faut pas non plus oublier que le monde change parfois de façon imprévisible.

Toutes les significations d'un simple contact…

Un jour, j'étais assis dans un petit café au centre d'Athènes. Je voulais un second verre, mais la patronne, une femme grisonnante, m'ignorait complètement alors même que je ne cessais de lever le bras et de l'agiter. J'étais de plus en plus mécontent. J'ai fini par me lever et par aller lui demander de me servir un autre verre.

C'est alors qu'elle a posé sa main sur mon bras, ce qui m'a fort surpris.

Figure 11.4 – La communication par le toucher

Pour moi, c'était comme si cette femme me faisait une proposition indécente. J'ai tout de même compris qu'il devait s'agir d'autre chose, de la part de cette quinquagénaire respectable qui tenait un établissement sérieux. En réalité, elle voulait s'excuser de m'avoir ignoré. Ne parlant pas l'anglais, de même que je ne parlais pas le grec, elle m'avait tenu le bras pendant plusieurs secondes. Nous avons échangé un sourire : ce qu'il y a de plus simple à échanger. Deux minutes plus tard, on m'a apporté un grand verre accompagné d'une belle sucrerie chocolatée.

Dans les années 1970, en Grèce, il aurait semblé indécent qu'une quinquagénaire respectable touche le bras d'un étranger (j'ai oublié de préciser que je portais un vêtement à manches courtes), mais dans certaines cultures, certains tabous sont en train de disparaître. En matière de langage corporel, il y a des constantes mais beaucoup de choses évoluent en permanence.

12

Les joies du langage du corps

J'espère que mon propos vous semble clair et que vous comprenez mieux à présent ce qu'implique le langage corporel. Cela peut vraiment vous servir d'apprendre à analyser votre propre langage corporel et à observer celui de vos proches et de vos collègues. Ce livre vous aura sans doute incité à le faire, et il vous aura permis de vous initier à la signification de certains gestes particuliers.

Ce n'est pas sorcier et c'est amusant. Les principales leçons à tirer de tout cela sont les suivantes :

- Faites attention non seulement à ce que les gens disent, mais aussi aux autres aspects de leur comportement.
- Sachez observer : entraînez-vous à observer les gens du coin de l'œil.
- Évitez de prendre vos désirs pour des réalités. Si quelqu'un vous sourit et vous prend le bras, cela ne signifie pas nécessairement qu'il veut vous séduire.
- Analysez vos propres habitudes en matière de langage corporel.

- Déterminez, dans votre langage corporel, quels signes risquent de trahir ce que vous n'avez pas envie que l'on sache.
- Apprenez à contrôler les messages non verbaux que votre corps exprime.
- À l'aide de vos réponses aux tests, analysez les forces et les faiblesses de votre propre langage corporel. Ensuite, vous pourrez commencer à changer et à lutter contre ces faiblesses.
- Apprenez à rire de vos propres habitudes en matière de langage corporel. En étant capable de rire de vous-même, vous montrerez que vous avez de l'assurance, l'assurance d'un maître du langage corporel.
- Sachez tirer le meilleur parti des connaissances que vous avez maintenant de votre non-verbal et de celui des autres.

Bibliographie

Argyle, M. *The Psychology of Interpersonal Behaviour*. Penguin, Harmondsworth, 1975.

Bandler, R. and Grinder, J. *Frogs into Princes: Introduction to Neuro-Linguistic Programming*. Eden Grove Éditions, London, 1990 (revised edition).

Beattie, G. *Visible Language*. Routledge, London, 2004.

Blurton Jones N. *Ethological Studies of Child Behaviour*. Cambridge University Press, Cambridge, 1967.

Bond, M. H. and Komai, H. 'Targets of gazing and eye contact during interviews: effects on Japanese nonverbal behavior'. *Journal of Personality and Social Psychology*, 34 (6): 1276-84 (1976).

Burgoon, J. K. 'Nonverbal signals'. *In* M. L. Knapp and G. R. Miller (eds), *Handbook of Interpersonal Communication.* Sage, London, 2nd ed, 1994: 229-85.

Burt, D. M. and Perrett, D. I. 'Perceptual Asymmetries in Judgements of Facial Attractiveness, Age, Gender, Speech and Expression'. *Neuropsychologia*, 35: 685-93 (1997).

Caudillo, R. 'The Perfect Handshake'. *Nurse Week*, 4 August 2002.

Cohen, D. *Psychologists on Psychology*. Routledge, London, 1977.

Cohen, D. 'The Development of Laughter'. Unpublished PhD thesis, University of London, 1985.

Collett, P. *The Book of Tells*. Bantam, London, 2005.

Darwin, C. *The Expression of the Emotions in Man and Animals*. John Murray, London, 1872.

Davis, F. *Inside Intuition*. McGraw-Hill, New York, 1971.

DePaulo, B. M. 'Spotting Lies: Can Humans Learn to Do Better?'. *Current Directions in Psychological Science*, 3: 83-6 (1994).

DePaulo, B. M., Lindsay, J. J., Malone, B. E., Muhlenbruck, L., Charlton, K. and Cooper, H. 'Cues to Deception'. *Psychological Bulletin*, 129: 74-118 (2003).

Duchenne, G. *Le Sourire*. Glyphe Éditions, Paris, reprinted 2007.

Ekman, P. and Friesen, W. V. 'Constants Across Cultures in the Face'. *Journal of Personality and Social Psychology*, 17: 124-9 (1971).

Ekman, P. and Friesen, W. V. 'Felt, False and Miserable Smiles'. *Journal of Nonverbal Behavior*, 6: 238-52 (1982).

Ekman, P., O'Sullivan, M. and Frank, M. G. 'A Few Can Catch a Liar'. *Psychological Science*, 10: 263-6 (1999).

Elliot-Wright, S. *Overcoming Emotional Abuse*. Sheldon Press, London, 2007.

Eysenck, H. *Eysenck on Extraversion*. John Wiley, Chichester, 1973.

Farroni, T., Csibra, G. and Johnson, M. H. 'Mechanisms of Eye Gaze Perception during Infancy'. *Journal of Cognitive Neuroscience*, 16: 1320-6 (2002).

Freud, S. *The Psychopathology of Everyday Life*. Hogarth Press, London, 1930.

Gazzaniga, M. S. and Smylie, C. S. 'Hemispheric Mechanisms Controlling Voluntary and Spontaneous Smiling'. *Journal of Cognitive Neuroscience*, 2: 239-45 (1990).

Goffman, E. *The Presentation of Self in Everyday Life*. Penguin, Harmondsworth, 1989.

Goleman, D. 'Leadership that Gets Results'. *Harvard Business Review*. Harvard Business School Press, Cambridge, MA, 2002.

Hall, Mari, quoted in Deborah A. Lott and Frank Veronsky, 'The New Flirting Game'. *Psychology Today*, Jan/Feb 1999.

Hennenlotter, A. 'The Neural Mechanism of Imagining Facial Affective Expression'. *Brain Research*, 1145: 128-37 (2007).

Higgins, P. *A Queer Reader*. Fourth Estate, London, 1993.

Kendon, A. 'Gesture and Understanding in Social Interaction'. *Research on Language and Social Interaction*, 27: 171-4 (1994).

LaFrance, M. <www.voanews.com>, 12 March 2000.

Laing, R. D. *Knots*. Penguin, London, 1970.

Lawick-Goodall, J. van, *In the Shadow of Man*. Dell, New York, 1974.

Levi, P. *The Periodic Table*. Penguin, Harmondsworth, 2000.

McCracken, G. *Big Hair*. Orion, London, 1997.

Machiavelli, N. *The Prince*. Oxford University Press, Oxford, 2005.

Masters, W. and Johnson, V. *Masters and Johnson on Sex and Human Loving*. Little Brown, New York.

Mehrabian, A. *Non-Verbal Communication*. Walter de Gruyter, The Hague, 1972.

Moore, M. 'Courtship signaling and adolescents: "Girls Just Wanna Have Fun"'. *Journal of Sex Research*, 32 (4): 319-28 (1995).

Morris, D. *The Naked Ape*. Jonathan Cape, London, 1967.

Mueller, R. *Bullying Bosses: A Survivor's Guide*. Available via <www.bullyingbosses.com> 2005.

Navarro, J. 'Universal Principles of Criminal Behaviour: a Tool for Analyzing Criminal Intent'. *Research Forum FBI Law Enforcement Bulletin*, January 2003.

Paradiso, S. *et al*. 'Frontal Lobe Syndrome Reassessed'. *Journal of Neurology, Neurosurgery and Psychiatry*, 67: 664-7 (1999).

Pennebaker, J. W. 'Patterns of Natural Language Use'. *Current Directions in Psychological Science*, 10: 90-4 (2001).

Pepys, S. *The Diary of Samuel Pepys*. HarperCollins, London, 1995.

Perper, T. 'Flirting Fascination'. *Psychology Today*, Jan/Feb 1999.

Phillips, K., and Diaz, Z. 'Gender Differences in Body Dysmorphic Order'. *Journal of Nervous and Mental Disease*, 185: 570-7 (1997).

Index

D

E

F

G

H

I

L

M

O

P

R

S

T

U

Table des illustrations

Table des matières

Découvrez aussi, aux éditions Leduc.s

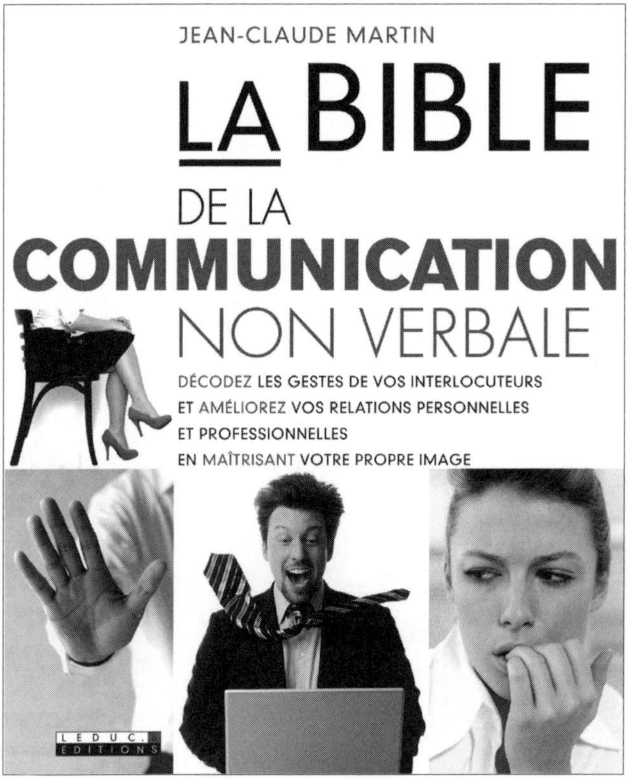

La bible de la communication non verbale
Jean-Claude Martin

Décodez les gestes de vos interlocuteurs et améliorez vos relations en maîtrisant votre propre image. Avec ce livre très illustré, découvrez toutes les méthodes pour mieux communiquer et apprenez tout ce qu'il faut savoir pour bien interpréter chaque signe (postures, vêtements, expressions).

ISBN : 978-2-84899-388-1
352 pages – 21,90 euros

Achevé d'imprimer en novembre 2010
sur les presses de la Nouvelle Imprimerie Laballery
58500 Clamecy
Dépôt légal : novembre 2010
Numéro d'impression : 010320

Imprimé en France

La Nouvelle Imprimerie Laballery est titulaire de la marque Imprim'Vert®